El ABC de la Consultoría

El ABC de la Consultoría

La forma correcta de hacer consultoría de negocios en América

Pablo Ojeda

Número de Control de la Biblioteca del Congreso de EE. UU.:   2012921680
ISBN: Tapa Dura   978-1-4633-4419-1
                   Tapa Blanda   978-1-4633-4418-4
                   Libro Electrónico   978-1-4633-4420-7

Este libro fue impreso en los Estados Unidos de América.

Para realizar pedidos de este libro, contacte con:
Palibrio
1663 Liberty Drive
Suite 200
Bloomington, IN 47403
Gratis desde EE. UU. al 877.407.5847
Gratis desde México al 01.800.288.2243
Gratis desde España al 900.866.949
Desde otro país al +1.812.671.9757
Fax: 01.812.355.1576
ventas@palibrio.com
432114

ÍNDICE

"A Neshme, Pau y Said, los 3 proyectos más importantes en mi vida."

"A papi y mami, por su amor y apoyo,"

"A Mimi y Abú, quienes me enseñaron el significado de las palabras Entrega e Incondicionalidad"

INTRODUCCIÓN

Recuerdo que la primera vez que escuché el término "consultor" fue precisamente durante la entrevista de trabajo para ocupar el puesto como tal. Un amigo nos avisó a mis hermanos y a mí que en la gran IBM® estaban contratando personal, por lo que decidimos presentarnos a la entrevista pues el renombre de la compañía le precedía. Nos llamó un poco la atención que las entrevistas no fuesen en el corporativo de IBM en la Ciudad de México; también nos sorprendió que las oficinas donde se estaban realizando las entrevistas no tuvieran nombre, ni logo, ni papelería ni credenciales que los acreditaran como empleados del famoso "gigante azul". Al entrar a las oficinas, nos encontramos con un mar de gente, todos de traje y corbata, esperando a ser entrevistados. Algo más que observamos fue la brevedad de las entrevistas: no tardaban arriba de 15 minutos, por lo que mucho más rápido de lo que pensábamos ya estábamos siendo entrevistados. -"Soliciten 20 mil pesos, es lo que están pagando (US 2,500 aproximadamente)"-, fue la recomendación de nuestro común amigo hacia nosotros, algo que nos causó mucha gracia y nos hizo desconfiar más de esa entrevista, pues los 3 estábamos con sueldos alrededor de 6,000 pesos, los cuales estaban considerados como bien remunerados y no estábamos seguros de solicitar 20,000 pesos por un trabajo del cual ignorábamos todo.

"Menciona tu experiencia con proyectos de IT (Information and Technology)", -me solicitó el entrevistador, una persona muy joven, con dificultad para relacionarse, (no me saludó ni me preguntó mi nombre ni revisó mis documentos) que se encontraba prácticamente sumido en su lap top, y que no levantó la vista para preguntarme. -"Trabajé en un proyecto de implementación de un sistema de control de inventarios y embarques en la desaparecida Conasupo…" "*Bien*" —me interrumpió- "¿estás titulado?". "Sí", -respondí- "y también estuve trabajando en una empresa dedicada a la…", "*Bien*"-me interrumpió nuevamente, "¿cuánto quieres ganar?", - lanzó su pregunta, que más que preguntar parecía que estaba escupiendo la pregunta. "Ehhhh…mmmm…" fue lo más ingenioso que se me ocurrió decir en ese momento… Me pareció escuchar nuevamente a nuestro amigo susurrando: "Solicita veinte mil", mas afortunadamente siempre me acompañaba la cordura que se encargaba de decirme: "No seas ambicioso, Estás ganando seis mil pesos, con siete mil pesos que solicites vas a estar bien…". ¿Cuánto quieres ganar? —volvió a preguntarme, pero esta vez con cierto tono de impaciencia. -"Mira, ¿porqué no me explicas de qué se trata el trabajo, revisamos mi curriculum vitae y al final revisamos si aplico o no para el puesto?". Esta vez sí levantó la vista de la lap top y por primera vez en los tres minutos y medio que llevaba frente a él me miró: "Mira, tengo otras 40 personas por entrevistar, sólo dime cuánto quieres ganar. El trabajo es como *consultor*". Acto seguido, y después de pensarlo detenidamente, me atreví a solicitar los veinte mil: "veinte mil" —dije con seguridad. "¿*Cuánto*?" —me preguntó, como si no hubiese escuchado bien la cifra. "quince mil" —volví a decir, temeroso de que se burlara de mí y de que la recomendación de nuestro amigo hubiese sido con toda la mala intención del mundo, "¿quince mil?"-volvió a preguntar con cierto tono de incredulidad, según yo. "diez mil, quise decir", -lo dije en voz alta, como si efectivamente las 2 cifras anteriores hubiesen sido errores de apreciación por parte del entrevistador. "Bien, ok, preséntate el próximo 12 de enero, ya estás contratado, ¡el que sigue!".

Así fue mi entrada al mundo de la consultoría. La extensa entrevista duró menos de cinco minutos, no revisaron mis documentos, no validaron mi experiencia, sólo querían saber si estaba titulado y si había tenido experiencia implementando algún sistema anteriormente. Al salir de la entrevista me enteré de que efectivamente, muchos habían solicitado los veinte mil pesos y hasta más (mis hermanos entre ellos), por lo que me sentí un tanto frustrado pero que más adelante solucioné solicitando un ajuste de sueldo.

Era la "Epoca Dorada" de implementaciones de ERP's -Enterprise Resourcing Planning, Sistemas de Planeación de Recursos Empresariales- en toda Latinoamérica e IBM tenía aproximadamente veinte mega proyectos a lo largo de todo el continente y estaba solicitando desesperadamente profesionistas con cierta experiencia en IT para reclutarlos y enviarlos a proyecto inmediatamente. Organización Ardilla Lülle de Colombia, PEMEX en México, PDVSA y Plumrose en Venezuela, Instituto Mexicano del Petróleo eran algunas de las compañías más escuchadas en ese momento. De hecho, quien nos entrevistó no era IBM, si no EIS (Estrategia, Información y Sistemas S.A de C.V.) uno de los principales "business partner" que estaba reclutando personal, eso explicaba el porqué la falta de logos, de papelería y de credenciales de IBM. Por cada día de consultoría, IBM pagaba alrededor de ochocientos dólares por lo que el monto de los sueldos no importaba, ya que así hubiésemos solicitado cincuenta mil pesos mensuales, equivalían a seis mil de los dieciséis mil dólares mensuales, dejando un margen de utilidad bastante alto para los business partners.

Desde entonces, la consultoría ha pasado por muchos cambios, y esos cambios se han reflejado en experiencia para todos. Sin embargo, las reglas, los principios, las políticas, los valores han sido desarrolladas por nosotros mismos al paso del tiempo, al compartir las experiencias con otros consultores, al haber participado en diversidad de proyectos con diferentes giros en diferentes países, y al haber tratado a diferentes clientes con sus diferentes formas de trabajar.

Si bien es cierto que cada ERP tiene su propia metodología de implementación, también es cierto que no se nos daban las herramientas completas para trabajar correctamente en ellas; tampoco teníamos un concepto claro en la administración de proyectos, y por ende, desconocíamos los métodos para administración del tiempo y de personas, sin embargo, todos fuimos aprendiendo sobre la marcha, algunos se quedaron en el camino, otros decidimos capitalizar el conocimiento y la experiencia para beneficio nuestro y para orientar nuestros servicios hacia una solución integral y por ende, hacia la satisfacción total del cliente.

Por esa época circulaba dentro del mundillo de la consultoría un cuento cómico muy famoso de consultores, -el cual he visto aplicado a otras profesiones que no hace mucho sentido- pero que encierra mucho de verdad. Permítanme reproducirlo brevemente: en cierta ocasión se encontraba un pastor con sus ovejas en medio de la tranquilidad del campo cuando de pronto se detuvo un auto deportivo cerca de él. El pastor se quedó observando a tan distinguido personaje —andaba de saco y corbata en pleno verano y en la mitad del campo,- quien se acercó y le comentó lo siguiente: "Si te adivino cuántas ovejas tienes, ¿me darías una oveja?". El pastor se quedó estático, entre asombrado por semejante propuesta e incrédulo a la vez. "¿Y si no adivina?", preguntó el pastor. "Me regreso por donde llegué, y no me entregas nada". El pastor se quedó pensando y accedió: "Bien, adelante". Nuestro personaje regresó a su auto, abrió su laptop, la conectó al Blackberry para sincronizarlo y empezó a realizar una serie de cálculos matemáticos hasta que después de 3 intentos —se quedó pasmada la laptop- y 15 minutos después, exclamó con júbilo: "…tienes

63 ovejas, de las cuales 50 son hembras y 13 son machos!". Acto seguido, procedió a tomar su oveja y se dirigió a su auto con toda la intención de marcharse pero se detuvo al escuchar la voz del pastor: -"Oiga, y si le adivino su ocupación, ¿me regresa la oveja?"-, a lo que nuestro personaje se sonrió con cierto aire de erudición característico de los de su gremio, y revisando rápida y mentalmente la probabilidad de que un pastor supiese su profesión, accedió inmediatamente, en parte para devolver la cortesía y en parte porque —según él- la probabilidad era nula. -"Usted es Consultor"-, aseveró el pastor. -"Pero, ¡acertó! ¿Cómo es posible que adivinara mi profesión?",- preguntó incrédulo nuestro consultor. -"¡Ah!, ¡muy fácil!"- exclamó el pastor, ahora con una sonrisa que anteriormente no había mostrado. "Por 3 simples razones: llegó sin que nadie lo llamara, me cobró por una información que ya sabía y que no me sirve para nada, y además, ¡se está llevando mi perro en lugar de la oveja!!".

De alguna forma, todos sabemos que hay algo de cierto en este chiste, pero sabemos que no lo es del todo. Algo que caracteriza a este reducido gremio es el "bluf" o el "glamour" que lo rodea, al igual que la actitud de "Diva" o "vedette" que a muchos les encanta adoptar, pero la verdad es otra. La laptop y los gadgets son normalmente propiedad de la empresa de consultoría. Como mencioné anteriormente, en los albores de las implementaciones de ERP's en México y Latinoamérica, las tarifas, viáticos y contratos se cotizaban muy alto y se negociaban en dólares. Los viáticos (perdiem) oscilaban entre sesenta y ochenta dólares diarios, sin incluir hospedaje ni transporte, lo que le permitía al consultor rentar hasta un auto deportivo, como el mencionado en la historia. Sin embargo, no está por demás mencionar que dichas tarifas aunque se siguen manejando en dólares, han bajado hasta un 50%, ya que así lo demanda el mercado medio. También es cierto que en un principio los grandes corporativos como Dupont, Pemex, General Motors pagaban por un levantamiento de procesos actuales —parte de la metodología- que duraba alrededor de tres meses de trabajo, el cual era entregado al cliente junto con su análisis de mejora, de allí el comentario del pastor: *Me cobró por una información que ya sabía…*. Esta fase de las metodologías de implementación se ha eliminado, y ahora se trabaja únicamente sobre procesos futuros.

Pero entonces la pregunta obligada es: ¿qué es la consultoría de procesos? y me di cuenta de que, al igual que la gran mayoría de los de mi profesión no teníamos la respuesta concreta. He visto con preocupación cómo a lo largo de estos años se han incorporado a esta área usuarios funcionales que participaron en una implementación de un sistema ERP, y que por el simple hecho de haber tomado una academia o curso de parametrización de un módulo específico –y me atrevo a decir que algunos ni eso- se autodenominan "consultores", y bajo este título se presentan a empresas de consultoría ofreciendo sus servicios, aprovechando la creciente demanda del mercado actual y por ende, su casi contratación inmediata. ¿Es entonces, la consultoría de procesos, simplemente configurar un sistema ERP? Me queda claro que no, ¿Acaso el consultor de procesos se forma por el simple hecho de haber trabajado varios años dentro de una empresa?, también me queda clarísimo que no es así. Por eso, cuando el pastor dice: "…*se está llevando mi perro en lugar de la oveja*" es una alusión clara a aquellos que incursionan en este medio sin el conocimiento básico necesario. Recuerdo haber escuchado a una usuaria del área financiera preguntarle a su consultor senior: "Y en este momento, ¿qué nivel de consultor soy? ¿Junior o senior?". La pregunta no me llamó tanto la atención como la respuesta del consultor: "Yo creo que eres consultor Junior". Su respuesta me hizo pensar mucho. ¿Con qué bases hizo semejante aseveración? Lo ignoro por completo. Entonces, ¿qué es la consultoría de procesos? ¿Qué es un consultor, qué lo caracteriza y qué lo diferencia de los demás prestadores de servicios como asesores y auditores? La Consultoría es "*un servicio que ayuda al Cliente a identificar y analizar problemas de gestión o a visualizar oportunidades. Los consultores proponen soluciones, recomiendan y sugieren acciones, respecto a los temas que plantea el Cliente. Posteriormente, le ayudan a implementar soluciones y estrategias. La consultoría es necesaria como una manera de ganar tiempo, ya que el dinamismo de las operaciones rutinarias no deja espacios suficientes para que los propios Ejecutivos de Gerencia o el personal se dediquen a implementar proyectos, debido a que tendrían que dejar de atender otras actividades; o bien, cuando el cliente sienta que necesita una opinión completamente objetiva y neutral.*"

He visto empresarios que, una vez terminada la implementación en sus empresas, deciden incursionar en este negocio vendiendo –ahora ellos a su vez- a sus propios usuarios funcionales como consultores senior, cuando que muchos de ellos ni siquiera estuvieron en un proyecto completo.

He trabajado con compañeros consultores con años de experiencia en proyectos que más que experiencia, tienen años de antigüedad en el medio, ya que se estancan en su forma de trabajar, no se actualizan y creen que la misma fórmula que le sirvió en un proyecto le debe servir para todos, cuando que el cúmulo de proyectos en el que hemos participado lo único que nos ha enseñado es que todo proyecto y todo cliente tiene personalidad propia, vida propia. Sun Tzu y El Arte de la Guerra: "*Vencer y ser reconocido*

como experto no es lo mismo, porque no se requiere mucha fuerza para levantar
una hoja en el otoño, ni se requiere una vista aguda para ver el sol y la luna, ni
se necesita un oído muy fino para percibir el retumbar del trueno"

Un consultor de procesos va mucho más allá de simplemente configurar un sistema ERP. Un consultor de procesos tiene el compromiso y la responsabilidad de diseñar e implementar los procesos de negocio futuros de una empresa, optimizando y mejorando los actuales, alineándose a las Mejores Prácticas de negocios de clase mundial, considerando las tendencias del mercado actual, entendiendo por "mercado" todo aquello que influya o dependa del negocio mismo, como lo son los proveedores, los clientes, la competencia y la legislación del país.

En resumen, para que un consultor de negocios pueda proponer, diseñar e implementar un proceso nuevo dentro de una empresa, requiere ser un profesionista del área y de haber laborado en ella; de conocer las Mejores Prácticas de negocio y de estar actualizado con las tendencias del mercado, además de tener claro los conceptos básicos de reingeniería como lo son "Proceso" y "Valor Agregado", de saber trabajar en equipo siguiendo una metodología; de saber exponer y "vender" sus ideas; de estar familiarizado con las herramientas de diseño y de tener una visión "Out of the Box" que sólo el aprendizaje adquirido a través de experiencias vividas en diversas empresas de diversos giros puede darle con el tiempo. Un consultor debe ver la consultoría no como un trabajo, si no como una forma de vida, debe tener siempre en la mente la idea de que todo proceso existente es susceptible de ser mejorado, aún cuando se haya realizado varios años de la misma forma. Por ende, la configuración exitosa de un sistema ERP está basada al 100% en el diseño exitoso de un proceso futuro.

Contadores públicos diseñando procesos de Producción, maestros normalistas trabajando en Mantenimiento de Planta, licenciados en Filosofía y Letras dando consultoría en Control de Calidad, son sólo algunos ejemplos de profesionistas que se autodenominan "consultores" sin conocer con certeza el significado y la gran responsabilidad que conlleva el título.

Es por eso que el presente trabajo pretende establecer las bases y los principios de la consultoría en México y en América Latina, estandarizando los conocimientos primarios, fijando objetivos comunes para que todos los que vivimos de ello tengamos claro y muy presente nuestra responsabilidad en el proceso de transformación de negocios. El presente trabajo es el resultado de una serie de entrevistas a directivos de empresas de consultoría, a clientes, a gerentes de proyectos, de comentarios de profesionistas que trabajan en las principales casas de ERP en el mundo, y de las experiencias personales vividas en los últimos años, y está dirigido a todos aquellos que ya forman parte de este particular gremio y para quienes desean integrarse en forma permanente, ya sea como externo o interno, de tal forma que estemos unidos por una misma base, por un mismo principio. Sean todos bienvenidos al fascinante mundo de la consultoría de negocios.

CAPÍTULO 1

Ciclos de vida de un proyecto

En todas partes y en todo momento siempre estamos presenciando proyectos que están por empezar, proyectos en ejecución o proyectos cerrados y terminados. Obras civiles en construcción, la campaña de lanzamiento de un producto novedoso, una fiesta de cumpleaños, una boda, la apertura de un nuevo restaurant, en fin, siempre estamos inmersos en proyectos y por lo tanto debemos aprender a identificar todos los elementos del mismo.

Hubo 2 grandes proyectos que lideré en mis inicios –tenía menos de 23 años- que marcaron mi vida y que me ayudaron a tomar la decisión de convertirme en consultor. El primero fue la organización de la VII Reunión Nacional de Secciones Estudiantiles del IMIQ (Instituto Mexicano de Ingenieros Químicos) y el segundo fue la remodelación del Juzgado Segundo de Distrito del Poder Judicial Federal en Veracruz, México, mi ciudad natal. Cuando organicé la VII Reunión Nacional cursaba el último semestre de la carrera de Ingeniería Industrial en Química en el Tecnológico de Veracruz (1990) y tuve que conseguirme sponsors (patrocinadores) para este proyecto, siendo el Director del Tecnológico el Ing. Alvaro Cándido Capetillo Hernández el principal sponsor, quien –por cierto- terminó disgustado conmigo porque no reconocí su trabajo en la ceremonia de inauguración y sólo reconocí el poco apoyo del IMIQ nacional, pero en fin, todo ha sido parte de un doloroso aprendizaje. Para conseguir el éxito de este evento, me rodé de un excelente equipo de colaboradores quienes me ayudaron a coordinar más de 40 instituciones educativas de nivel superior a lo largo del todo el país con aproximadamente 500 participantes, sin internet, sin celular y sin correo electrónico, por lo que tuvimos que coordinarnos a través de télex, teléfono, del servicio postal mexicano y de mensajería privada. Fue una experiencia muy enriquecedora de la cual aprendí lo siguiente:

a) El correcto control de gastos y costos asegura el éxito. Nos quedamos sin dinero en el último día del evento.

b) El dimensionamiento de las tareas se quedó corto, demasiadas actividades para un equipo muy reducido: 13 personas.

c) Me faltó negociar mejores condiciones con los proveedores; a casi nadie le solicité patrocinios y todo fue pagado a precios normales.

El otro proyecto, la remodelación del Juzgado Segundo de Distrito del Poder Judicial Federal en Veracruz, se dio cuando yo estaba laborando en una pequeña empresa denominada REPESA (Recubrimientos y Epóxicos), dedicada a la fabricación y aplicación de pinturas, impermeabilizantes y recubrimientos epóxicos, propiedad del Sr. Jaime Espinosa Nuñez, quien me dio la oportunidad de realizar mis prácticas profesionales y que al ser del conocimiento de un familiar que yo laboraba en esta empresa me solicitó una cotización de los servicios para pintar una parte del juzgado 1º. Esta simple cotización me obligó a tener que registrar la empresa como proveedor autorizado en la Corte, por lo que tuve que realizar varios viajes a la ciudad de México, sede de este organismo, y a relacionarme con los arquitectos e ingenieros civiles de la Corte, llevando muestras, análisis de los componentes, pruebas de calidad, etc., en fin, todo lo necesario para poder obtener el registro como proveedor.

Después de haber ganado la licitación para el proyecto de pintar el Juzgado 1º -lo cual representó un ingreso de veinte millones de pesos para la empresa (unos siete mil dólares actuales aproximadamente)- y gracias al buen trabajo realizado y a la buena relación que sostuve con los arquitectos, fuimos invitados a licitar por la remodelación del Juzgado Segundo la cual también ganamos, lo que generó un ingreso superior a los doscientos millones de pesos a la empresa (unos setenta mil dólares actuales aproximadamente), de los cuales no obtuve ninguna retribución por concepto de comisión, bonos o sueldos, ya que mi condición de "practicante" me impedía reclamar alguno de ellos, argumento utilizado por la esposa del dueño —novia en ese entonces- Natasha Ventoso, quien de un solo plumazo me desapareció de la empresa para continuar ellos por su cuenta con las licitaciones, las cuales creo que ya no les fueron favorables. Debo hacer la aclaración que en ambos proyectos yo participé también como pintor, es decir, yo me incluí —indebidamente- como pintor y resanador, lo cual me sirvió para desarrollar mis habilidades artesanales únicamente, pero no como gerente de proyectos.

Este proyecto me dejó las siguientes experiencias:

a) Todos los acuerdos deben quedar por escrito, yo no obtuve retribución alguna por tener nada por escrito.
b) Un alcance bien definido y un correcto dimensionamiento de recursos nos permitió terminar con ambos proyectos en tiempo y forma.
c) Identificar correctamente a los stakeholders, nunca consideré a Natasha como elemento crítico y finalmente fue quien decidió mi salida del proyecto.

Ahora bien, un proyecto de implementación de un sistema ERP consiste en alinear o adaptar los procesos empresariales de una compañía a las Mejores Prácticas de negocio integrados en un ERP. ¿Qué son las Mejores Prácticas de negocio?, son aquéllas que nos permiten generar ventaja competitiva probada y capacidad de absorber cambios de la mejor manera para incrementar nuestras posibilidades de permanecer en los mercados de Clase Mundial, en otras palabras, es la "mejor forma" *comprobada* de hacer las cosas. Y subrayo "comprobada" porque las principales casas de ERP del mundo como SAP®, Oracle®, People Soft®, etc, destinan alrededor del 25% de sus ingresos anuales a la investigación y desarrollo de las mismas, siendo esto una garantía de efectividad.

Concepto de procesos integrados.
Toda empresa, cualquier empresa en cualquier parte del mundo, -pequeña o grande, lucrativa o no lucrativa, gubernamental o privada- tiene toda su operación basada en 3 áreas principales: Compras, Ventas y Finanzas. Dependiendo del giro, sector o tamaño de la compañía, sus procesos pueden ser más complejos o pueden realizar otra clase de operaciones. Una fábrica de tubos de acero sin costura, por ejemplo, cuyos principales ingresos provienen de la exportación de sus productos, tiene como áreas principales a Compras, Ventas, Producción, Mantenimiento de Planta, Control de Calidad y Finanzas. El área de Recursos Humanos también es considerada proceso empresarial, aunque no forma parte de la cadena productiva. El simple hecho de que una compañía esté trabajando y generando beneficios, nos indica que sus procesos sí funcionan, tal vez tengan

procesos repetitivos, o quizá sus costos de operación son muy altos o sean ya obsoletos, pero en ningún momento podríamos afirmar que no sirven. Muchas empresas trabajan con operaciones aisladas, es decir, no se tiene una comunicación efectiva entre las áreas, como por ejemplo, cuando el área de Crédito no se comunica con el área de Cobranza, y terminan otorgando créditos a clientes con problemas de pago. En otras ocasiones, las áreas de Producción y Compras no se comunican correctamente y el resultado es muchas veces, la compra de materias primas sin las especificaciones necesitadas por el área de Producción, pero eso sí, muy económicas y entregadas en tiempo. Cuando las diferentes áreas de la empresa comparten la misma información y trabajan con dependencia entre las mismas, se dice que trabajan en forma *integral*.

Veamos un ejemplo de un proceso integral:

1.- El área de Ventas prepara su plan mensual de ventas y se lo entrega al área de Fábrica, al área Financiera y al área de Controlling. Al área de Fábrica se lo entrega para que planifique su producción mensual con base a las ventas planeadas; al área de Finanzas se lo entrega para que actualice y planifique sus ingresos; y finalmente se lo entrega al área de Controlling para que estime los costos de producción y ventas y establezca un presupuesto, es decir, un "tope" en los gastos de fabricación. Aquí están integradas las 4 áreas a través del pronóstico de ventas, ya que todas comparten la misma información.

2.- Una vez que el área de Controlling tiene el presupuesto aprobado, se lo envía al área de Fábrica y al área de Ventas para que conozcan el presupuesto y no se excedan al producir ni al vender. He aquí otra integración y una dependencia: el presupuesto. Controlling depende del plan de Fábrica y a su vez, Fábrica depende del área de Controlling. Cuando el área de Fábrica termina su plan de producción, ya tiene determinado los montos de los Costos Directos e Indirectos que va a consumir, entendiendo por Costos Directos, todo aquello que se impacta directamente al costo el producto final, como lo pueden ser las materias primas y la mano de obra; y por Costos Indirectos, entendamos todo aquello que se requiere para producir el producto final, como por ejemplo, la energía eléctrica, el agua, combustibles, etc. También los Costos Administrativos son considerados en el plan de Producción, y normalmente se considera el 10% del costo total.

3.- El área de Fábrica informa al área de Almacén cuánta materia prima requiere para todo el mes, y le indica las fechas en las que requiere de disponer de la misma.

4.- El área de Almacén verifica la disponibilidad de la misma para las fechas indicadas, y determina si es necesario comprar más material para evitar paros en la producción. Almacén le informa al área de Compras sobre las necesidades de Compra para el mes, y al mismo tiempo, el área de Controlling le informa sobre el presupuesto que tiene Fábrica para cubrir el plan de producción.

5.- El área de Compras compra el material necesario, el área de Controlling le autoriza la compra de acuerdo al presupuesto y empieza a abastecer al área de Producción. El área de Almacén va informando al área de Compras y al área de Cuentas por Pagar sobre la mercancía que va recibiendo, de tal forma que el área de Compras conozca el estatus del pedido y el área de Cuentas por Pagar pague únicamente lo que haya recibido. Compras también debe informar al área de Cuentas por Pagar sobre los términos de pago, montos y descuentos acordados con el proveedor. Esta integración de procesos evita que se paguen facturas dobles, facturas con montos superiores a lo acordado o mercancía que nunca se haya recibido.

6.- Cuando el proveedor presenta su factura para pago, Cuentas por Pagar ya tiene la información del Almacén y el pedido de Compras, y verifica que la mercancía se haya recibido, y que tenga el precio y condiciones acordadas con Compras. Posteriormente, se informa al área de Tesorería para que actualice el flujo de egresos con las facturas recibidas.

7.- Mientras tanto, el área de Producción continúa produciendo e informando a las áreas de Almacén, Ventas y Controlling sobre los productos terminados. Al área de Almacén le informa para que tenga actualizados la cantidad y valor de sus inventarios; al área de Controlling le debe avisar de los costos incurridos hasta ese momento para que se actualice el presupuesto, y se compare lo planeado contra lo realmente ejecutado; y al área de Ventas para que disponga del producto en el momento que lo requiera. Finalmente, cuando Ventas vende el producto, debe informar a Almacén sobre la salida del mismo, al área de Cuentas por Cobrar quien a su vez le informa al departamento de Tesorería sobre el ingreso planificado, se actualiza su historial crediticio, y se avisa al área de Planificación sobre las cantidades y fechas en que se vendió y entregó el producto.

Los sistemas ERP - sin excepción - trabajan con procesos integrados. De hecho, los ERP son la evolución natural del MRP (Material Requierement Planning), ya que no solo se limita a planear los recursos necesarios para la producción si no de toda la compañía completa como lo vimos en el ejemplo anterior. Las áreas logísticas trabajan 100% integrados entre sí, y proporcionan información a las áreas financieras y Controlling quienes a su vez generan información que se reenvía nuevamente a las áreas logísticas para establecer los controles necesarios, cerrándose así los ciclos empresariales integrados.

Enfoque de la metodología.
Todo proyecto, por muy corto, sencillo y de bajo presupuesto que sea, debe implementarse siguiendo una metodología de trabajo. En un principio, los proyectos se implementaron siguiendo metodologías existentes basadas en la administración tradicional de proyectos. Poco a poco, dichas metodologías se fueron modificando y adaptando a la forma particular de implementar un sistema ERP.
¿Cuáles son las ventajas de aplicar una metodología?

- Minimiza la duración de tiempo entre la instalación y el arranque en vivo del sistema. No se pierde el tiempo definiendo las actividades, pues ya están predefinidas.
- Maximiza la utilización de los recursos del ERP y del cliente. No siempre se requiere a la misma gente durante todo el proyecto, la metodología permite determinar los momentos de intervención para cada persona.
- El modelo que resulte, puede ser utilizado en una implementación posterior. Al documentarse la configuración y procesos de un proyecto pueden tomarse como modelo para implementaciones posteriores.
- Incorpora un enfoque orientado a procesos. Las metodologías obligan al trabajo ordenado y conjunto, pues no aplican a módulos o áreas de trabajo por separado.
- Involucra la comunidad de usuarios.

Las metodologías de implementación desarrolladas o adaptadas por las principales casas de ERP en el mundo, comprenden las siguientes fases:

- Fase I. Preparación inicial.
- Fase II. Diseño, Planos de Negocio o Business Blueprint.
- Fase III. Construcción o Realización.
- Fase IV. Preparación Final, Pre arranque o Pre Productivo.
- Fase V. Soporte o Post Productivo.

Preventa y Venta de un proyecto.

Las fases del ciclo de ventas son 4:

a) Reconocer la necesidad,
b) Evaluar las alternativas,
c) Resolver dudas,
d) Cierre de la venta / rechazo.

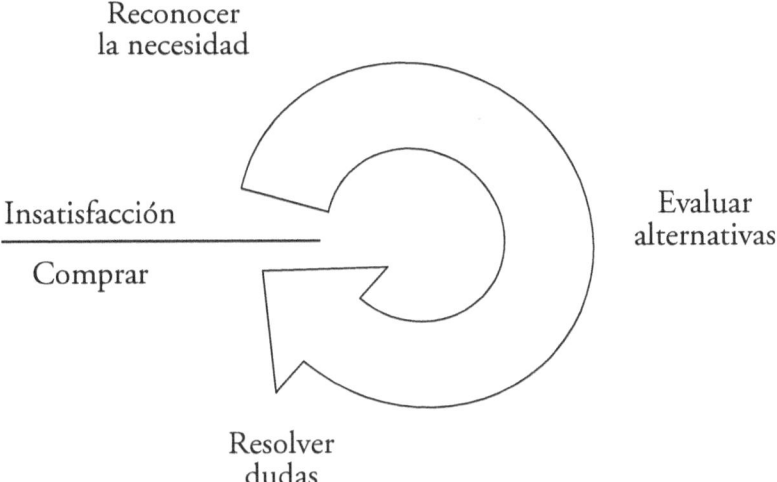

Fig 1. Ciclo de Ventas.

a) *Reconocer la necesidad.* La necesidad de implementar un sistema ERP en una empresa surge en el prospecto a cliente por dos principales motivos: para incrementar eficiencia, productividad y la calidad en la toma de decisiones; y reducir costos y riesgos estratégicos de crecimiento.

Necesidades básicas en los clientes

Eficiencia y productividad	Toma de decisiones
• Mejora en los procesos. • Doble esfuerzo en la captura de datos vitales. • Alinear los inventarios con los requerimientos del área de Producción. • Eliminar costos. • Cumplimiento en las fechas de entrega a clientes. • Cumplir con las expectativas de los clientes y proveedores. • Habilitar las relaciones comerciales con empresas foráneas. • Mejorar la cadena abastecimiento. • Mejorar el manejo de los datos e información relativa a las preferencias y comportamiento comercial del cliente.	• Mejorar la capacidad y calidad en emisión de reportes e informes. • Tener una visión más comprensiva del negocio. • Contar con datos más exactos sobre el desarrollo financiero. • Evitar la ejecución de operaciones desconocidas. • Habilidad para planificar y pronosticar la producción más asertiva. • Problemas en el manejo de la información (No se genera en tiempo real). • Dificultad en interfasar entre todos los sistemas actuales. • Mejorar las herramientas de planeación y de administración de datos.
Contabilidad financiera	**Riesgos estratégicos**
• Ir más allá de las cortas posibilidades ofrecidas por los sistemas financieros y contables actuales. • Integrar todos los sistemas de información en una sola base. • Cumplir con las regulaciones fiscales y legales propios del país y de la operación. • Incrementar la seguridad en la información y en los sistemas • Comprender y mejorar la importancia de la reducción de costos de operación.	• Cambiar al Consejo de Administración, debido a una venta o bien, la adquisición de una nueva compañía al grupo. • Outsourcing para algunos procesos y aplicaciones específicos. • Los sistemas actuales impiden el crecimiento estratégico de la compañía. • Sistemas obsoletos o desactualizados. • Necesidad de escalar hacia todas las áreas de la compañía. • Presión de la competencia por innovar. • Necesidad de una estrategia de negocio a través de internet.

Cuadro 01. Necesidades básicas de los clientes.

b) *Evaluar las alternativas.* Cuando el cliente reconoce la necesidad de adquirir un ERP, pasa a la fase de evaluar alternativas de sistemas. Esta fase es similar al momento de evaluar la adquisición de un auto o de un seguro de vida, es decir, se evalúa el tiempo que tiene el ERP en el mercado, si se cuenta con respaldo y soporte técnico local, si tiene oficinas locales y sobre todo, querrá informarse sobre las historias de "terror" que existen alrededor de determinado ERP. Es importante señalar aquí que se deben reconocer aquellos proyectos fallidos y exponerlos de la forma más sutil posible, de tal forma que no se presente un producto "maravilloso, sin errores" pero tampoco presentemos un producto "inestable y con errores", de esta forma, aseguramos que es un producto en constante mejora y que siempre está liberando versiones nuevas y mejoradas.

c) *Resolver dudas.* Una vez que el cliente se ha inclinado por ciertos productos, -por precio, por presencia, por lo que sea- al igual que al seleccionar un auto ahora se procede a evaluar toda la parte técnica del producto: tipo de base de datos, número de consultores disponibles, casas consultoras que implementarán la solución, etc.

d) *Cierre de la venta / rechazo.* En esta última fase el cliente se decide por un producto, por una casa consultora y por un proyecto determinados, es importante aprovechar esta fase para dejar en claro todas las premisas de éxito, las condiciones (viáticos, perdiem, horarios, vacaciones, etc.) condiciones de pago, entendimientos legales, etc.

Fase I. Preparación inicial del Proyecto

El propósito de esta fase es proveer la preparación y planeación inicial para el Proyecto de ERP. Aunque cada proyecto de ERP tiene sus propios objetivos, alcance, prioridades, los pasos en la Fase I ayudan a identificar y planear las áreas de interés primario a ser consideradas.

Existen situaciones importantes que se deben considerar al inicio del proyecto, tales como:

● **Definir los objetivos y metas del proyecto**. Esta información se extrae principalmente de los contratos de servicios de consultoría, ya que es allí donde se establecen los objetivos del proyecto. Sin embargo, como el contrato es un documento privado con carácter estrictamente confidencial, se transcriben y afinan los objetivos en un nuevo documento. ¿Qué busca el cliente al implementar un ERP? ¿Mejorar sus procesos? ¿estar a la vanguardia tecnológica y no quedarse atrás de la competencia? ¿por órdenes de la casa matriz o porque su principal cliente se lo demanda? Cualesquiera que sean los objetivos nunca se deben perder de vista durante la implementación, ya que los resultados deben estar alineados a los mismos.

- **Establecer el alcance de la implementación.** El alcance se define a través de los módulos que se van a implementar en la compañía. Por ejemplo, SAP ECC® tiene un módulo denominado Materials Management (MM), el cual abarca 3 grandes áreas: Aprovisionamiento, Control de Stocks y Verificación de Facturas. La estructura del módulo es la siguiente:

- <u>Módulo MM</u>
        Compras
        Gestión de Stocks
        Verificación de Facturas Logística
        Inventario
    El alcance no debe ser general, si no lo más detallado posible. Si se incluye en el alcance inicial el módulo de MM, se deben indicar cuáles escenarios abarca: Compras en Consignación, Cotización, Valoración LIFO, FIFO, etc., de tal forma que el alcance quede lo más detallado y preciso posible. Y esto aplica para el resto de los módulos incluidos en la propuesta. Nunca se debe suponer ni asumir nada respecto al alcance. Si el proyecto se vendió con un alcance general, entonces, en esta fase es cuando debemos terminar de detallar el alcance por módulo.

- **Establecer los estándares de administración del proyecto.** Es importante establecer en un documento las herramientas que se van a emplear para controlar eficientemente los proyectos, ya que todos los integrantes del equipo deberán hacer uso de las mismas herramientas, sin dejar de lado los licenciamientos correspondientes. Las herramientas más apropiadas para el desarrollo son las siguientes:

- o *Microsoft Project*®. Para especificar las tareas, fechas, recursos y costos.
- o *Microsoft Visio*®. Para diagramación de procesos.
- o *Microsoft Power Point*®. Para presentaciones ejecutivas.
- o *Microsoft Word*®. Para documentación en general
- o Herramientas propias de la metodología.

- **Definir la estrategia de implementación (metodología).** Cada vez que usted aborda un avión, debe escuchar el mismo discurso sobre la descripción del avión, las salidas de emergencia y su ubicación, así como las medidas de seguridad y de emergencia que se deben adoptar en caso de turbulencia o siniestro. Y rematan con la versión en inglés. Tal vez usted ya no les preste atención, pero en ningún momento podrá usted decir que a usted nadie le informó el destino, las características del avión, la duración del vuelo, la velocidad de crucero ni las condiciones climatológicas del viaje. En cada vuelo, sin preguntar si ya lo saben o no, sin preguntar si ya han viajado antes o no, toda la tripulación cumple con informar.

  Esta es la misma posición que se debe adoptar al inicio de todo proyecto. Sin importar si ya la conocen o no, si han estado en proyectos anteriores o no, y sobre todo, de cuántas veces usted la haya mencionado anteriormente, usted está *obligado* a informar al equipo de proyecto sobre la duración del mismo, el nombre de la metodología a usar, las fase que comprende la metodología, fechas de inicio y terminación, los entregables por fases y sobre todo, de las responsabilidades de cada uno de los integrantes. Y una recomendación más: explique cuántas veces considere necesario la metodología, mientras más claro les quede a todos la forma de trabajar y los tiempos, el tiempo se vuelve un aliado.

- **Establecer la estructura organizacional del proyecto y el plan de comunicación.** En todo proyecto debe establecerse con detalle quienes conforman el equipo de proyecto, desde los que participan directamente en la definición de los procesos hasta aquellos que tienen una participación muy puntual y parcial a lo largo del proyecto. En dicha estructura deben identificarse al menos los siguientes puestos: gerente de proyecto, consultor funcional por cada una de las áreas a implementar (por ejemplo, consultor de logística, consultor de Finanzas, consultor de Costos, etc.), consultor técnico (administradores de sistemas y programadores de lenguajes nativos) y director de proyecto. Por cada uno de estos puestos debe corresponder al menos un puesto igual por parte del cliente. Es decir, deben haber 2 gerentes de proyecto, uno del cliente y otro de consultoría; por cada consultor debe corresponder un usuario clave o key user, y así sucesivamente. Es muy importante identificar al sponsor o patrocinador del proyecto ya que debe estar incluido en la estructura organizacional, ya que forma parte del comité de decisiones. También es necesario definir los roles y responsabilidades de cada uno de estos puestos. En el plan de comunicación se establece principalmente la forma en que deberán resolverse los problemas, quienes conforman los comités de tomas de decisiones, etc.

El proyecto debe iniciar oficialmente con una reunión de inicio (kickoff). En esta sesión se debe reunir a los miembros del equipo, consultores SAP y otros miembros clave de la organización. Aquí se establece el escenario para el proyecto, resaltando su importancia hacia los objetivos de negocio, además del compromiso del equipo ejecutivo hacia el éxito del proyecto.

El kick off debe cubrir al menos los siguientes tópicos:

- *Antecedentes del proyecto*: Una breve explicación donde se indique los motivos de negocio por los cuales se decidió implementar un nuevo sistema.
- *Principales partners del proyecto*: Es importante quiénes son las casas de software y consultoría responsables de la implementación y el porqué se seleccionaron como mejor opción.
- *Organización del proyecto:* Deben mencionarse (e inclusive presentarse) a todos los integrantes del equipo de proyecto que estarán trabajando en un "War Room" y que serán los responsables de las principales y más importantes decisiones respecto a los nuevos modelos de negocios. Es importante mencionar rápidamente los roles y responsabilidades de cada uno de ellos para que la audiencia sepa perfectamente a quien dirigirse en caso de tener alguna duda o pregunta.
- *Metodología de trabajo*: Como lo mencionamos anteriormente, un rápido paseo por la metodología de trabajo y sus fases le permitirá conocer a la audiencia cómo está estructurado el plan de trabajo.

- *Alcance del proyecto*: Es importantísimo dejar claro y acotado el alcance general del proyecto. Debido a que en el Kickoff se invitan a todas las áreas de la compañía, es natural que cada área esté en la creencia de que la implementación los incluye a ellos, por lo que es necesario indicar claramente cuáles son las áreas consideradas en la implementación: Recursos Humanos, Finanzas, etc.
- *Fecha de arranque en vivo o Go Live*: Al indicar la fecha de terminación del proyecto se envía el mensaje a toda la organización de que todo tiene un inicio y un final y que este caso no es la excepción, y que por lo tanto es necesario respetar los tiempos, horarios y lugares de trabajo para garantizar la fecha de inicio en vivo.

Fase II. Diseño
(también Planos de Negocio o Business Blueprint)

El propósito de esta fase es crear los Planos (procesos) de Negocio, los cuales comprenden una documentación detallada de los resultados obtenidos durante la revisión de procesos, es decir, se presenta la nueva forma de hacer las cosas. Los entregables de estas sesiones son los requerimientos de los procesos de negocio documentados. El plan de negocios final incluirá un diagrama o grupos de diagramas, especificando el flujo de la información para cada proceso y los roles y responsabilidades necesarios para ejecutarlos. Las entradas y salidas de datos requeridos de los sistemas de información también serán identificadas para facilitar el desarrollo de interfaces.

Si bien, el proceso de planos de negocio no debe ser considerado como una reingeniería profunda del negocio, es en esta fase donde los procesos son modificados entre la forma de operar actual y la forma en que habrán de manejarse en el futuro con el sistema de por medio.

Como hemos mencionado reiteradamente, los ERP cuentan entre sus elementos metodológicos, con la documentación de "las mejores prácticas" de negocio, que es un cúmulo de procesos propuestos por el sistema para ofrecer al cliente mejoras en los procesos administrativos y operativos respecto a la forma en que se hacen actualmente.

Durante esta fase se siguen las siguientes actividades:

- Levantamiento de los procesos actuales. (AS IS)

- Presentación de los procesos que el ERP propone como "Mejores Prácticas de Negocio" (TO BE)
- Identificación de mejoras en los procesos actuales
- Definición de brechas entre los requerimientos del negocio y las capacidades del sistema
- Decisión sobre la forma de resolver las brechas, ya sea mediante la modificación del proceso actual del cliente, la ampliación de la funcionalidad del sistema mediante programación de funciones adicionales al estándar o la eliminación de las mismas.
- Identificación de requerimientos de reportes.
- Identificación de datos maestros a cargar, modificar, recolectar

Esta es la fase donde realmente el consultor tiene la oportunidad de hacer "consultoría", es decir, donde realmente el consultor debe analizar los procesos de negocio, identificar las áreas de oportunidad, las áreas de valor y proponer soluciones orientadas a cubrir los requerimientos de negocio. Es aquí donde la experiencia del consultor –fuera del ERP- en sus áreas de negocio debe servir como base para modelar y proponer soluciones a las áreas de oportunidad que se presentan conforme va analizando los procesos. Asimismo, la experiencia laboral no basta, si no se tiene la escuela actualizada en las tendencias o en las prácticas modernas y en sus resultados obtenidos para proponer una solución óptima y actual. Para analizar exhaustivamente un proceso empresarial se requieren de al menos un equipo de 3 personas: 1 financiero, un logístico y un técnico. El primero para revisar todos los procesos relacionados a la contabilidad financiera, presupuestos, contabilidad de costos, administración de activos fijos y demás; el segundo para analizar todos los procesos relacionados al suministro, almacenamiento, fabricación y despacho de mercancías y productos; y el último, sería el responsable de revisar la infraestructura tecnológica, así como el correcto aprovechamiento de los mismos. Este análisis lleva normalmente de 2 a 3 meses, sin embargo, no todas las compañías están dispuestas a pagar este trabajo, pero sí es necesario para garantizar el éxito del proyecto. Por esto mismo, se recomienda "alinear" en la medida de lo posible, los procesos de la compañía a los procesos integrados al ERP. Para aquellos procesos que no sean susceptibles de alinearse al ERP, se les debe aplicar Reingeniería, recordando que la Reingeniería es el "*análisis de los procesos de cualquier tipo de organización y el consecuente rediseño de los mismos, con el fin de implantar un cambio radical en la cultura y forma de trabajo de las empresas, incrementando la productividad y rentabilidad de las mismas*".

Un ejemplo clásico de reingeniería exitosamente aplicada son las tiendas Home Depot: antes de la aparición de estas tiendas, para instalar una puerta o un lámpara se debían recorrer al menos tres tiendas por toda la ciudad: una maderería o tienda dedicada a fabricar puertas, a una tienda de artículos eléctricos y a otra exclusiva de pinturas, y así hasta contar con todos los elementos necesarios para hacer las instalaciones o reparaciones. Estas tiendas agruparon bajo una sola nave todas las tiendas, de tal forma que no se tiene que recorrer toda la ciudad para encontrar lo que se buscaba. Y aún dentro de las tiendas aplicaron reingeniería entre los departamentos, por ejemplo en el caso de Wal-Mart: anteriormente las gaseosas, refrescos o vinos estaban en un departamento, y los saca corchos, destapadores y hieleras separados en otro departamento; ahora, se encuentran destapadores, sacacorchos y todo lo relacionado a bebidas en el mismo departamento de bebidas.

¿Qué elimina la reingeniería?

Burocratismo, extra validaciones, triangulaciones innecesarias, re trabajos, desperdicios, tiempo muerto, excesivos tiempos de respuesta, excesivas autorizaciones y centralizaciones, así como falta de poder en la toma de decisiones oportuna.

¿Qué busca la reingeniería?

- Incremento de productividad.
- Incremento de rentabilidad.
- Información oportuna y veraz.
- Mejora en tiempos de respuesta.
- Mejora en sistemas de información gerencial.
- Cambio cultural.
- Iniciar el proceso de mejora continua.

Levantamiento de procesos actuales (AS-IS).

En esta actividad, lo que se busca es plasmar y dibujar la forma actual de trabajar de la compañía. Si la compañía tiene documentados sus procesos, sólo debemos tomarlos y estudiarlos. Si no tienen documentados sus procesos, entonces se requiere realizar una serie de entrevistas con los usuarios clave para conocer su forma de trabajar.

Las preguntas obligadas en este tipo de entrevistas son:
- ¿Cuál es el objetivo del área, qué es lo que hace?
- ¿Cómo se planea el trabajo actualmente?
- ¿Cómo realizan el trabajo?
- ¿Cómo es asignado y controlado el trabajo?
- ¿Usan estándares de control, indicadores de medición o desempeño?
- ¿Cuál es el organigrama de tu área? Si no existe el organigrama se debe elaborar junto con el key user.

Es sumamente importante conocer los procesos de trabajo al 100% de detalle físicamente en las áreas de trabajo y en flujo de procesos diagramados. Los procesos se deben mirar con sentido crítico con el objeto de identificar áreas de oportunidad que afecten el costeo en las empresas. Los procesos o flujos de trabajos en cualquier organización y/o área deben analizarse desde el punto de vista de ingeniería industrial.

Todo flujo de trabajo tiene una entrada, un proceso y una salida. Una vez que se tiene la información a nivel macro (con los directores o gerentes) se deberá iniciar el levantamiento con supervisores, jefes y gente de operación para diagramar los procesos en forma detallada y posteriormente se validarán con la gente que se levantaron los procesos.

Secuencia de Operaciones.

Levantamiento de los procesos actuales

Director: _____
Gerente: _____
Supervisor: _____
Área: _____ Fecha: _____
Consultor: _____

1. ¿Cuál es el objetivo de tu área y/o departamento?

2. ¿Cuál es el organigrama de tu área? (Solicitar el organigrama del área y en caso de que no lo tengan, hay que elaborarlo junto con él).

3. ¿Cuáles son los nombres y los puestos de cada una de las personas que integran tu departamento?

4. ¿Cuáles son las funciones y/o proceso principales de tu departamento?

5. ¿Cómo controlas el trabajo en tu departamento? ¿Utilizan estándares?

6. ¿Cómo es planeado el trabajo?

7. ¿Cómo asignas y controlas el trabajo?

8. ¿Tienes "horas pico" (cargas de trabajo más fuertes, acumulación, etc.) en la operación?

9. ¿Tienes "cuellos de botella" (operación más lenta, problemática, etc.) en la operación?

10. ¿Cuáles son las áreas de oportunidad más comunes en la operación? (dimensionar problemas y documentarlos)

Notas: _____

Cuadro 02. Simbología en el diseño de procesos:

Símbolo	Descripción
	El rectángulo o caja se aplica para cada una de las actividades relevantes y debe procurar que sean de tamaño consistente entre sí. Sugerimos usar la fuente "Arial" de tamaño 10 para el interior. Escriba descripciones cortas pero significativas, por ejemplo "Crear Pedido de ventas". Si la actividad implica más detalle y no tiene forma de incluirlo en una sola frase, puede usar 2 cajas en lugar de una, por ejemplo: en lugar de escribir "Creación de pedido y validación de crédito", puede crear 2 separadas "Crear Pedido" y "Validación del crédito del cliente"
	Indican el inicio y final de un proceso, no deben ser usados para nada más.
	Aplican para los saltos de página. Cuando un proceso debe continuar en hoja aparte y debe ser conectados a través de un número.
	Los rombos se utilizan para las condiciones o toma de decisiones. Debe tener salidas para el "SI" y "NO", pero decida cuál escribir y trate de obviar la otra, es decir, no es necesario escribir ambas, o un SI o un NO, y la otra se deduce.
	Utilice este símbolo cuando desee indicar que una de las actividades relevantes del proceso es la impresión, envío o generación de un documento, ya sea impreso o electrónicamente, como por ejemplo, las facturas.
	El símbolo de "Datos" indica la recepción y envío de datos desde y hacia sistemas externos y ajenos al sistema que se está implementando.

Diseño de procesos futuros. (TO-BE)

En esta actividad se pretende modelar los procesos futuros basados en los procesos actuales (AS-IS) y alineados a los procesos contendidos en el ERP. Antes de empezar a diagramar, se deben identificar las áreas involucradas en el proceso. Si el proceso integra a 4 áreas de la compañía deberán definirse como marco general del plano de negocio:

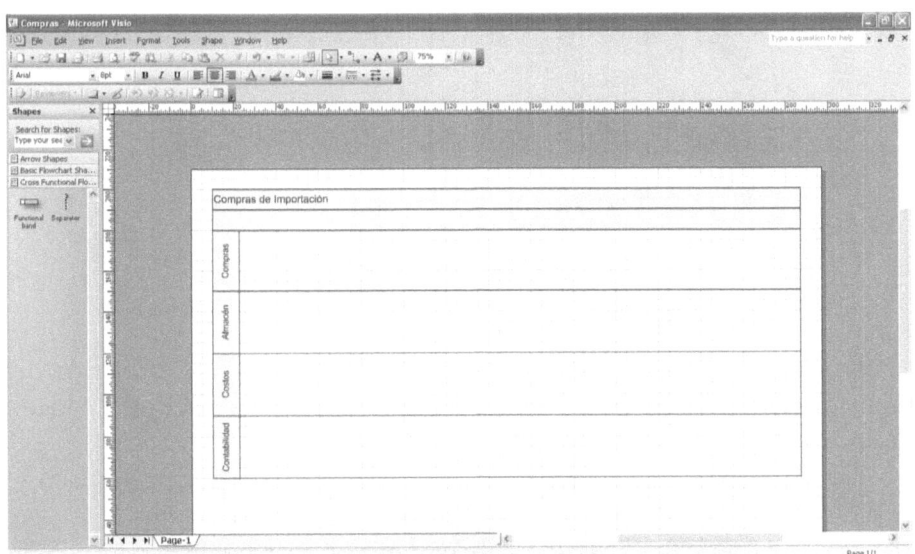

Figura 02. Marco general

El sentido siempre deberá ser de arriba abajo y de izquierda a derecha. Deberán dibujarse las actividades en las áreas correspondientes, de tal forma que el proceso fluya de forma natural y sea fácilmente entendible.

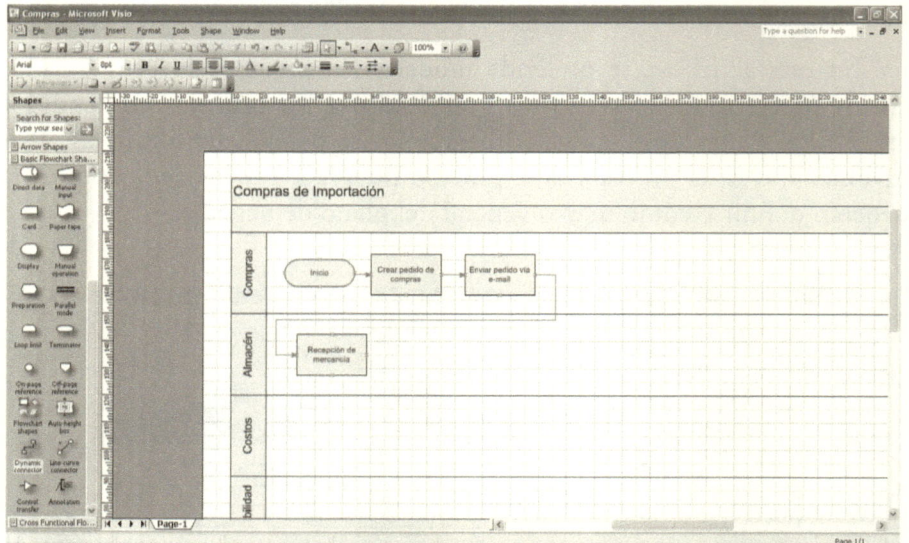

Fig 03. Flujo de la información.

Procure usar líneas de con punta de flecha para indicar el sentido del flujo. También puede optar por la numeración de los cuadros en dado caso.

Las actividades deben escribirse en infinitivo. Cuando desee indicar el resultado de dicha actividad deberá usar términos en participio.

Para el caso de una decisión deberá usar el diamante de decisión. Sólo indique el "Sí" o el "No", no es necesario que se indiquen ambos, de esta forma, hay un ahorro en el espacio y al poner uno de ellos, el otro se sobreentiende.

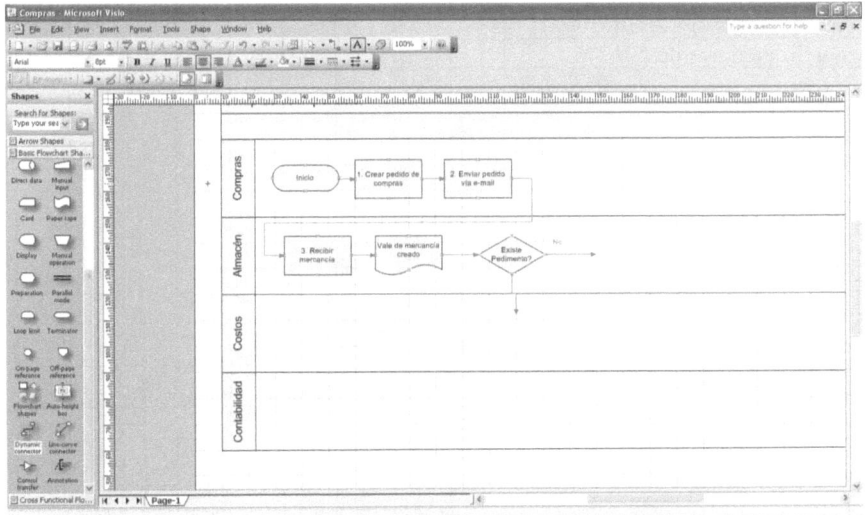

Figura 04. Toma de decisiones.

Pasos a seguir:

1. Agendar entrevistas para hacer el levantamiento con el dueño del proceso (puede ser el key user y/o Supervisor, Coordinador o jefe del área).

2. Hacer el diagrama de flujo manualmente en el área con una explicación detallada de cada una de las actividades (paso por paso).

3. El levantamiento siempre debe hacerse en el área de trabajo para conocer el proceso físicamente.

4. Capturar el flujo en un diagramador (Microsoft Visio®, por ejemplo)

5. Revisar y validar con el Gerente del área el flujo realizado (as-is)

6. Solicitar los documentos que se generan dentro del proceso (copias de documentos vivos).

7. Generar el "Brown paper" con el gerente del área o el key user en el área de trabajo.

Area: Servicios al Cliente									
Fecha: 30 de mayo de 2012									
Procesos	Ventas	Ventas al Contado	Ventas al Crédito	Exportación	Call Center				
Valor agregado	1	1.1	1.2	2	3				
Elimina autorizaciones y simplifica el proceso de autorización									
Evita que se levanten pedidos de clientes morosos o con créditos vencidos									

Cuadro 03. Matriz de mejoras

Identificación de mejoras en los procesos actuales.

El documento de inventario de procesos sirve para identificar cuántos procesos hay en determinada área o departamento dentro de la compañía y sobre todo, cuál es el valor agregado generado, esto es básico para iniciar el levantamiento de cada uno de los procesos identificados.

Aunque los procesos y funciones generales se empiezan a identificar cuando se aplica la secuencia de operaciones, es muy importante que queden identificados claramente en la matriz de inventario de procesos.

Este documento se llena con el gerente y supervisor del área y una vez que está capturado se debe validar mediante firma con la gente con quien se identificaron los procesos.

Al realizar el análisis de los flujos de operación, deben considerarse los siguientes tipos de ineficiencias que impactan en la adecuada operación del proceso:

- *Extra validaciones.*
- *Triangulaciones innecesarias*
- *Falta de seguridad en el riesgo de la operación.*
- *Falta de poder en la toma de decisiones oportuna*
- *Responsabilidades parciales*
- *Retrabajos*
- *Burocratismo*
- *Excesivas autorizaciones y centralizaciones.*
- *Excesivos tiempos de respuesta*
- *Falta de entrenamiento al personal propio del área*
- *Falta de entrenamiento al personal que utiliza los productos del área.*
- *Falta de automatizaciones.*
- *Falta de definición de indicaciones de gestión que originan mediciones y anotaciones innecesarias.*
- *Indefinición de los perfiles idóneos.*
- *Falta de definición de canales de comunicación apropiados.*
- *Falta de estandarización de procesos.*
- *Ceguera administrativa que no permite ver ni medir los problemas de la empresa.*

Brown Paper:

El *Brown paper* es una herramienta que permite el análisis del flujo de documentos de un proceso de trabajo determinado. Permite ver de forma gráfica y con copias de documentos vivos (con datos) como fluye la información de reportes, planes y controles.

Procedimiento:
- Cortar suficiente Brown Paper (hojas tamaño rotafolio de color café)
- Poner márgenes con plumón negro
- Colocar logos de cliente y la empresa de consultoría en los extremos superiores izquierdo y derecho.

- Pegar el flujo del proceso (armado) sobre el Brown Paper. Para ello, puede usar hojitas auto pegante o auto adheribles, de tal forma que cada hojita represente una actividad o un proceso.
- Con el control denominado "Documentos de proceso" y con los documentos iniciar el pegado de acuerdo a la lógica del proceso.
- En caso de no usar hojas auto pegante, puede utilizar para el pegado "Spray Mount" que permite pegar o despegar documentos.
- Elaborar el Brown Paper junto con el cliente.

Se emplea el Brown Paper en la crítica de procesos para que quede claro como fluye la información y posteriormente a las críticas para parametrizar documentos en el sistema nuevo o eliminar los que no aportan valor.

Análisis de brechas. (FIT-GAP Análisis)

Esta es una actividad propia de las metodologías de implementación de sistemas ERP y es ajeno a la Reingeniería de procesos. Se considera como "brecha", todo aquél proceso identificado como necesario y que no puede ser cubierto por el ERP, ya sea porque no está en el alcance del proyecto, no existe la funcionalidad dentro del sistema o porque se requiere de modificar o desarrollar código de programación adicional para cubrir el requerimiento.

Ejemplo de un documento con Análisis de Brechas.

ANALISIS FIT-GAP

REF	DESCRIPCION	ALCANCE	RESPONSABLE	ACUERDOS
FI-01	Al pagar al proveedor a través de la banca electrónica, se debe enviar un mensaje a su correo electrónico.	No	Verónica (Cliente)	Para enviar el mensaje a su correo electrónico se debe activar la funcionalidad WF.
MM-01	Las compras deben ser centralizadas, un solo organismo debe negociar tarifas y condiciones comerciales con el proveedor y deben aplicar para todas las sucursales	SI	Pablo (Consultoría)	Funcionalidad cubierta por el módulo MM (Compras Centralizadas)
MM-02	Al momento de ingresar una factura de proveedor, el sistema debe validar si tiene completos todos los datos de cabecera incluyendo las condiciones de pago	Si	Pablo (Consultoría)	Deberá programarse un Exit de Usuario para hacer la validación.

Cuadro 04. Matriz de Análisis de Brechas (FIT-GAP Analysis)

Este documento es muy importante y lo acompañará durante toda la gestión de proyectos.

Con este documento se determina:
• Si los tiempos planeados en el contrato se pueden cumplir o se requiere más tiempo.

- Si los recursos planeados en el contrato son suficientes o se requieren más.
- Si los módulos o soluciones contratadas permiten cubrir los requerimientos y expectativas del negocio
- Si el costo planeado se ajusta o se requiere solicita una ampliación.

Fase III. Realización

El propósito de esta fase es validar los requerimientos de los procesos de negocio basados en los planos de negocio. Un subconjunto de la red de datos y productos del cliente será usado para desarrollar un modelo de trabajo propio. Los requerimientos de los Planos de Negocio son convertidos en scripts de prueba que serán usados por el cliente y la consultoría para validar que el sistema cumple con los resultados de negocio esperados. Las diferencias entre la funcionalidad del sistema y los requerimientos son identificadas y manejadas vía procedimientos de alcance. Una vez que la prueba de validación es completada con una muestra de datos, el modelo se escala para incluir todos los productos y datos y procesos de la organización. Nuevamente el modelo es validado, los procesos de entrenamiento son afinados y los roles y responsabilidades son finalizadas.

Además durante esta fase, el equipo de proyecto tomará el entrenamiento conforme a su área de conocimiento de nivel 2 y 3. Este entrenamiento es organizado alrededor de los procesos de negocio clave. Durante el nivel 2, el equipo de proyecto obtendrá un panorama del sistema y de cada módulo del sistema. El nivel 3 ayudará al equipo de proyecto adquirir experiencia en módulos específicos.

Otras actividades durante la fase de Realización incluyen:

- Desarrollo de programas de conversión
- Desarrollo de programas de interfaz
- Creación de reportes.
- Establecer la estrategia de autorizaciones
- Prueba final integral
- Documentación de usuario final y material de entrenamiento
- Validación de Control de Calidad

Hay 4 entregables de suma importancia en los que debemos poner atención como consultores:

1. Manuales de configuración,
2. Documentación técnica de los desarrollos propios,
3. Pruebas integrales
4. Layout de carga de datos maestros y saldos iniciales.

Manual de Configuración.

Un correcto manual de configuración debe contener todas las actividades que se configuraron (parametrizaron) dentro del sistema para cubrir los requerimientos del negocio indicados en el BBP. Uno de los errores muy comunes en la consultoría es hacer los manuales por grupo de actividades en lugar de hacerlos por procesos, es decir, se limitan a hacer manuales para "Crear Grupos de Compras", "Crear un Indicador de Impuestos", "Crear un centro o planta nuevo", etc., en lugar de hacer manuales para "Configurar un proveedor nuevo", "Configurar una Sociedad o empresa nueva", "Configurar una planta, sucursal nueva", indicando todos las actividades que deben configurarse para obtener un producto nuevo.

Documentación técnica de los desarrollos propios.

Cuando las opciones de configuración de un sistema ERP no cubre los requerimientos del negocio y se debe recurrir a programas (comúnmente denominados "desarrollos" indicando la necesidad de "crear" o "desarrollar" funcionalidad nueva o específica no contenida en los estándares de la configuración del ERP) para cubrirla, es importante documentar lo más detallado posible dichos programas: qué tablas están leyendo, cuáles están escribiendo, qué otros programas o transacciones se están llamando o ejecutando para cumplir con el objetivo, etc. Mientras más detallada esté la información más rápido será el entendimiento del mismo y por lo tanto si se requiere

Pruebas integrales.

Se debe generar un documento por cada proceso completo realizado, y previo a la realización de las pruebas se debe generar un listado con todos los procesos a probar, con cada una de sus variantes y quiénes deben intervenir a lo largo de la prueba.

Cuadro 05. Ejemplo del inventario de pruebas integrarles.

		Responsable	Puesto	Departamento
1.Compras				
1.1. Compra de Activos Fijos				
1.1.1.	Creación de Solicitud de Pedido / Requisición	Esteban Hernández	Key user	
1.1.2.	Creación de Cotización / Oferta	Heidy Rosales	Gerente	Compras
1.1.3.	Creación del Pedido / Orden de Compra	Heidy Rosales	Gerente	Compras
1.1.4.	Recepción de las Mercancías	Jonnhy Restrepo	Almacenista	Almacén
1.1.5.	Recepción de la Factura de Proveedor	Juan Antonio Méndez	Analista	Cuentas por pagar
1.1.6.	Pago a Proveedor	Juan Antonio Méndez	Analista	Cuentas por pagar
1.1.6.1.	Pago parcial	Juan Antonio Méndez	Analista	Cuentas por pagar
1.1.6.2.	Pago completo	Juan Antonio Méndez	Analista	Cuentas por pagar
1.2. Compra de artículos en consignación				
1.3. Compra intercompañías				

Este documento se debe ser acordado y firmado preferentemente entre los consultores y sus respectivos usuarios clave (key users)

Otras consideraciones sobre las pruebas integrales:

- El período de pruebas integrales debe estar considerado en el plan de trabajo y debe avisarse a todos los participantes con al menos 3 semanas de anticipación, dependiendo de su ubicación física, ya que es posible que deban ser traídos desde otro punto del país e inclusive desde fuera del país.
- Las pruebas deberán realizarse en una misma sala de trabajo y todos los involucrados, -aunque la gente de almacén argumente que no tiene nada qué ver con Cuentas por Cobrar, o que Ventas argumente que no tiene nada qué ver con el Costeo de Producto- deberán estar viendo el desarrollo de toda la prueba, ya que el documento final deberá ser firmado y aceptado por todos.
- Las pruebas deben realizarse con datos reales. Si no se tienen cargados en el sistema todos los datos, al menos deberá estar cargada

una muestra representativa. De nada serviría realizar pruebas con datos ficticios o inventados, pues el resultado positivo de muchos procesos dependen de la calidad de los datos. Recuerden que al trabajar con usuarios finales en las pruebas van a estar esperando resultados consistentes con su operación actual, y aunque nosotros sepamos que los resultados son ficticios y por lo tanto el resultado también, será muy difícil explicarlo y convencerlos, lo que pone en riesgo la efectividad de la prueba.

- Las pruebas deben realizarse en un servidor, mandante o equipo exclusivo para realizar pruebas, trate de no realizar las pruebas integrales en el mismo lugar donde usted realiza o realizó sus pruebas individuales como consultor, no mezcle datos "buenos" con datos "basura". Lo correcto es cargar los datos maestros en el ambiente de Calidad y aprovechar a probar los programas de carga que se programaron, aproveche a probar lo más que pueda.

- Las pruebas integrales deben incluir las interfaces, esto es muy importante, recuerde que por eso se llaman "integrales", no cometa el error común de excluir de las pruebas integrales todas la interfaces, validaciones o conexiones con sistemas remotos o fuera del ERP, como los sistemas bancarios, los tributarios o cualquier sistema legacy porque el resultado de dichas pruebas van a carecer de valor real.

- Las pruebas integrales deben realizarse con los "User ID" de cada usuario final, es decir, con el usuario y password con el que van a operar el sistema en el futuro, de esta forma también probará que las autorizaciones y privilegios sean lo suficientemente correcto para cada usuario. No cometa el error de realizar las pruebas con User ID con "acceso total" porque entonces tendrá acceso ilimitado a todo el sistema y nunca probará las autorizaciones hasta el arranque en productivo.

- Los resultados de las pruebas deberán escribirse o anotarse manualmente en el documento de la prueba, es decir, ya sea exitosa o fallida, el resultado se debe escribir al momento manualmente por el usuario clave o usuario final, y deberá firmarse el resultado. Recuerde que algunos participantes vienen de fuera, y si las pruebas deben firmarse por todos los involucrados no espere recabar las firmas más adelante porque entonces se niegan o quieren que se repitan las pruebas, lo mejor es obtener sus firmas al momento.

Layout de cargas de Datos Maestros y Saldos Iniciales.

La importancia de este entregable reside en lo siguiente: el 80% de los atrasos en los proyectos se debe a la entrega atrasada de los Datos Maestros y saldos iniciales por parte del cliente, y el 100% de estos clientes argumentan que se atrasaron debido a que NO SE LES ENTREGARON LOS LAYOUT DE CARGA A TIEMPO, de allí la importancia de este documento.

Entonces, para evitar este tipo de situaciones –o al menos para dejar claro contractualmente que los consultores sí cumplimos con entregar los Layout a tiempo-, es necesario generar una minuta por todos los Layout de carga que se haya hecho entrega al cliente o al usuario clave, de otra forma, no tendremos evidencia de la entrega formal. Otra recomendación sobre este punto es que los Layout (aunque forman parte de los entregables de la fase III) se entreguen desde la *primera semana de haber iniciado el proyecto*, ya que el proceso de extracción, depuración y llenado de los Layout les toma mucho tiempo al área de Sistemas del cliente, y si nos esperamos hasta la fase III, es seguro que no tendrán la información en tiempo.

El Layout puede diseñarse en cualquier hoja de cálculo electrónica y debe contener básicamente lo siguiente:

- Nombre o texto del campo dentro del sistema ERP
- Nombre técnico de la tabla a la que pertenece el campo.
- Nombre técnico del campo.
- Longitud del campo expresado en caracteres.
- Tipo de dato que se almacena en este campo: si es tipo numérico, tipo texto, tipo fecha o valores enteros.

Cuadro 06. Ejemplo de un Layout para carga de proveedores en SAP ECC®.

Carga de Proveedores			
Nombre del campo	Número de proveedor	Nombre de proveedor	Sociedad
Tabla	LFA1	LFA1	LFM1
Campo	LIFNR	NAME1	BUKRS
Longitud	10	40	4
Tipo de dato	NUM	CHAR	CHAR
Ejemplo	1000000123	Proveedores del Sureste	1001

Fase IV. Preparación para productivo

El propósito primordial de la fase de preparación final es completar el sistema final de pruebas, entrenar a los usuarios finales y liberar los datos y el sistema a un ambiente productivo. Las pruebas finales del sistema consisten de procedimientos y programas de conversión de prueba, programas de interfaces de prueba, pruebas de stress y volumen y prueba final de aceptación de usuario.

Para entrenar a los usuarios finales, el equipo de proyecto entrenará usuarios clave utilizando el método "entrena al entrenador". Este método ayudará a proveer aceptación por la comunidad de usuarios finales y además construirá el conocimiento para el soporte autónomo.

Otro objetivo de esta fase es crear una estrategia de puesta en vivo. Este plan identifica específicamente la estrategia de conversión de datos, procedimientos iniciales de auditoría y una estructura de soporte del equipo de proyecto.

El paso final es aprobar el sistema y verificar que la compañía esté lista para el inicio en productivo del nuevo sistema.

Existen dos entregables principales en esta fase: Manual de Capacitación al usuario final y Plan Cutover.

Manual de Capacitación al usuario final.

Actualmente existen toda una gama de software especializados en el diseño y elaboración de manuales de usuario, algunos son con licenciamientos individuales, otros son con licencias globales de uso ilimitado, pero al final es muy práctico usar estos software para cumplir con este entregable. Algunos software altamente efectivos son los RWD Info Pak®, o el RWD Productivity Pack®, sin embargo, de no contar con un software le sugiero tener en cuenta lo siguiente durante la elaboración de los mismos:

1. Portada: ¿De qué se trata el documento y quién lo elaboró?
2. Introducción: Describe el uso del documento (¿para qué sirve y de qué habla?
3. Análisis y requerimientos del sistema (¿qué se ocupa para poder instalarlo y usarlo?)
4. Explicación del funcionamiento: indicar paso a paso y con pantallas explicadas al detalle cómo funciona el programa.
5. Glosario.

Los manuales de usuario final deben ser elaborados por el USUARIO CLAVE, no deben ser desarrollados por el consultor; porque además de que contractualmente no estamos obligados, es una forma de que el usuario clave reafirme y asegure el entendimiento de sus procesos, es una forma de que practique y se asegure de que al momento de pararse frente a grupo, tendrá conocimiento preciso al menos de lo que viene en el manual.

Plan Cutover.

El plan Cutover (plan de "Traslado" en la traducción literal del inglés al español) se refiere a toda la estrategia que se debe definir y aplicar para asegurar que al momento de "apagar" el sistema anterior y "encender" el sistema nuevo sea lo más transparente posible y sin problemas, y que no haya pérdida de información en esta transición.

Existe una serie de puntos que deben tener especial atención y que están contenidos en el siguiente documento:

Cuadro 07. Cutover Plan.

Fecha de ejecución	Tiempo	Tarea Subtarea	Responsable	Porcentaje completado	Comentarios
		Procedimientos de Preparación			
		Asegurar que los sistemas actuales estarán fuera de línea para la entrada en Productivo.			
28/03/2010					
		Actualización de Datos Maestros en general			
01/02/2010					
		Informar a los líderes funcionales sobre la fecha de Entrada en Productivo y la importancia de entregar datos confiables.			
15/02/2010					

01/02/2010		Informar a los proveedores, clientes, sobre la entrada del ERP y de las modificaciones en los documentos de compra, formas de pago y demás.		
15/02/2010		Send letter to each employee with the fact that they will be prepaid for one week, and any other conversion information etc.		
		Conteo del Inventario físico de materiales con fecha de entrega el 28 de marzo de …		
		Pre - cierre contable de todas las operaciones en sistemas actuales		
		Cierre de todos los documentos de compras, ventas, órdenes de mantenimiento e inventarios		

TECNICO
Impresoras
Requerimientos de impresoras y faxes por área
Configurar todas las impresoras en ERP
Establecer autorizaciones para impresoras (ejemplo: impresora de cheques)
Establecer las impresoras por defecto

Gestión del cambio
Asegurar que todos
los transportes que
se realizaron en el
ambiente de QAS/
DEV se apliquen
en el ambiente de
Productivo
Asegurar que todos los
Manuales de Usuario
y Procedimientos
hayan sido entregados
por los usuarios clave
a los usuarios finales
correspondientes.

Network
Asegurar que todos los
componentes de la red
están su lugar
Asegurar que el
Router del ERP
está habilitado para
conexiones externas

Ambiente Productivo
Instalar servidor
Productivo
Crear el mandante
Productivo
Establecer el No. De
mandante definitivo
en Productivo
Garantizar que el
sistema Productivo es
seguro (OS level, DB
level, Change Mgt,
Antivirus)

Establecer el
parámetro de Salida
Automática del
sistema

Reinicializar los rangos de números en Producción

End User Clients
Instalar los accesos al ERP Productivo en los equipos
Asegurar que las aplicaciones existentes en los equipos (MS Office, Lotus Notes, etc.) no se vean impactadas con la instalación del icono
Asegurar que las impresoras locales están configuradas correctamente

Administración de Sistemas
Asegurar que el sistema de respaldo de información está ejecutándose correctamente
Asegurar que los parámetros del servidor Productivo están establecidos
Asegurar que las tareas y verificaciones diarias en el sistema Productivo estén establecidas

Asegurar que la Base de Datos de Producción está asignada (allocated) a posiciones de memoria suficiente

Asegurar que la
Base de Datos tiene
suficiente espacio para
crecer.

Miscelánea
Importar todos
los transportes
independientes del
mandante de QA a
Productivo
Transportar todos
los programas de
conversión de datos
Asegurar que los jobs
y la reorganización de
la Base de Datos esté
programada
CONVERSION

Transportar todos los
cambios a Productivo:
Configuración
Finanzas
Configuración
Controlling
Configuración
Compras e Inventarios
Configuración
Tesorería
Configuración Activos
Fijos
Configuración de
Ventas y Distribución
Configuración
Producción y
Mantenimiento de
Planta

Programación de Jobs
nocturnos

Conversión
de programas
desarrollados en
programas del ERP
(ABAP)
all new ABAPs,
tables, screens etc
Perfiles de usuarios
SAPScript
Entrada manual de
variantes

BACKUP SYSTEM
(Sistema de Respaldo
completo)

Ejecutar la conversión
de datos en ERP

G/L Accounts
Asegurar que las
cuentas G/L (Plan
de cuentas) fueron
transportados
correctamente

Elementos de Costo
Ejecutar el programa
RFBIKA00 para
crear Elementos de
Costo para todas las
cuentas de Pérdidas y
Ganancias
Crear elementos de
costos secundarios en
forma manual
Asegurar que los
Grupos de Elementos
de Costos fueron
transportados a PRD

Centros de Costos
Transportar
Centros de Costos
del ambiente
de Desarrollo a
Productivo
Reconciliar los
Centros de Costos

**Datos Maestros de
Impuestos y Bancos**
Entrada manual
de Indicadores
de Impuestos en
Productivo
Entrada manual de
Datos Maestros de
Bancos en Productivo
Puestos de Trabajo
Entrada manual de
Centros de Trabajo
Verificar Puestos de
Trabajo
**Data Maestra de
Clientes**
Extraer datos de
sistemas actuales
Finalizar la revisión y
limpieza de los datos
Carga de datos en
ERP
Analizar y revisar
errores
Reconciliar
**Etapas manuales en
los Datos Maestros
del Cliente**
Introducir datos
críticos
Entradas críticas que
deben realizarse antes
de la Entrada en
Productivo

Entrada de Datos No
Críticos
Entradas de datos No
Críticos a realizarse
después de Entrar a
Productivo.

Materiales
Cargar materiales en
ERP
Entrada manual de
datos remanentes
Analizar y resolver
errores

**Cargar Data Maestra
de Proveedores**
Finalizar la revisión y
limpieza de los datos
Cargar en ERP
Analizar y revisar
errores

**Enter user master
data**
Asegurar que todos
los perfiles de usuario
estén en Productivo
Crear el Formato de
Usuario para cada
perfil
Introducir parámetros
de usuario en los
Formatos
Introducir variantes
específicas en los
Formatos de usuario.
Asignar usuarios a los
Perfiles
Revisar

Enviar correo a todos
los usuarios con su
Clave de Usuario
y Password inicial
correspondiente.

**Módulo de
Producción**
Extraer datos de
sistemas actuales
Finalizar la revisión y
limpieza de los datos
Carga de datos en
ERP
Analizar y revisar
errores

**TR Management
Information**
Extraer datos de
sistemas actuales
Finalizar la revisión y
limpieza de los datos
Carga de datos en
ERP
Analizar y revisar
errores

**Asset Management
Information**
Extraer datos de
sistemas actuales
Finalizar la revisión y
limpieza de los datos
Carga de datos en
ERP
Analizar y revisar
errores
Reconciliar
**Asegurar que los
periodos contables
de Marzo y Abril
estén abiertos**

Verificar que el módulo MM esté abierto para Marzo Verificar para GL. (No abrir Febrero para CxP, CxC)

Inventario

Extraer datos de sistemas actuales Asegurar que todos los materiales han sido convertidos Cargar stocks en ERP usando el Tipo de Movimiento NNN con fecha 31/03/ Entrada manual de stock de inventario restantes Reconciliar Niveles de Inventario (Cantidad y Valor)

Cierre de periodo en MM

Ejecutar el programa RMMMPERI Ejecutar el cierre de Año Fiscal y realizar el arrastre de saldos para el inicio del nuevo periodo

Cuentas por Pagar

Manejo manual de Facturas que no han sido pagadas Si se requieren entradas manuales, deberán realizarse sólo en 20…

Cuentas por Cobrar

Extraer datos de sistemas actuales

		Cargar posiciones abiertas de Cuentas por Cobrar en ERP Analizar y revisar errores Reconciliar facturas pendientes vía reportes de posiciones abiertas **G/L Balances** Cargar Balances G/L en ERP Reconciliar **Finalizar la conversión**			

Fase V. Puesta en marcha y soporte

El objetivo de esta fase es moverse desde un ambiente pre-productivo a un ambiente productivo. Se debe de establecer una organización de soporte para los usuarios, no solamente para los días críticos del principio, sino también para un soporte a largo plazo. Durante esta fase los usuarios tendrán muchas preguntas, por lo tanto debe haber una organización de soporte sólida fácilmente accesible. Adicionalmente en esta fase se monitorea el sistema de transacciones para optimizar el desempeño en general del sistema.

Inmediatamente después de entrar en productivo, el sistema debe ser revisado y afinado para asegurar que el ambiente de negocios sea totalmente soportado. Este proceso involucra entrevistas informales con la comunidad de usuarios para verificar que sus necesidades están siendo satisfechas.

Mi sugerencia aquí es: ¡cierren el proyecto y pónganlo por escrito!

CAPÍTULO 2

Principios de Consultoría de procesos

"He aquí mis principios, si no les gustan, tengo otros…". Frase dicha por el famosísimo comediante estadunidense Groucho Marx: He aquí los principios de la consultoría de procesos, pero a diferencia de Groucho, no tengo otros:

1.- ***"Todos los clientes, además de ser clientes son socios de negocio."***
La relación que se establece entre un consultor y su usuario clave, entre la empresa de consultoría y la empresa donde se implementará el ERP, debe ser de confianza plena, duradera y no efímera. El cliente no debe pensar que una vez implementado el ERP los consultores se van y toda la responsabilidad recaerá sobre él. El cliente debe sentir que está trabajando con un verdadero socio de negocios, en donde una mala decisión, un error o una falla externa deberá ser afrontada y resuelta en forma conjunta, de tal forma que se establezca una verdadera relación de valor ganar-ganar. De la misma forma, cuando el proyecto culmine en forma exitosa, siempre se debe compartir el éxito con nuestros socios de negocio. Los consultores deben mostrar empatía con los usuarios.

Ahora bien, ¿cómo se consigue mantener buena relación con el cliente? Al igual que en cualquier relación personal: respetando y comprendiendo al interlocutor. Los usuarios clave (key users) son expertos y conocen muy bien sus procesos, pero no conocen el ERP ni están familiarizados con la metodología de implementación. Por otro lado, el consultor es experto en el sistema ERP y conoce muy bien la metodología, pero desconoce los procesos de negocio del cliente. Por esta razón, ambos deben trabajar complementados, hombro con hombro, en un ambiente de respeto y cordialidad, evitando así verse a sí mismos como "enemigos".

En cierta ocasión, después de una larga y tensa reunión sobre la valoración de inventarios con la Directora de Finanzas de Maqsa en Chihuahua, México -empresa de dedicada a la renta y venta de maquinaria industrial- no llegamos a ningún acuerdo real, pues no estuve de acuerdo con el método de valoración –y sigo sin estarlo-; y su posición final fue: "Pongamos por escrito que cumpliste con informarme sobre las ventajas del método de valoración que tiene integrado el ERP, y que yo no lo acepté, para que te deslindes de responsabilidades", a lo cual estuve tentado a aceptar (de hecho, le dije que sí), pero de haberlo hecho, habría violado este valioso principio de la consultoría. Tuve que aceptar su método y continuar con el proyecto, apoyando su decisión, compartiendo la responsabilidad y las consecuencias del mismo. Siempre partners, siempre socios.

2.- *"Todos los proyectos deben concluirse en el costo, tiempo y calidad establecidos."*

De acuerdo a la *Guía de los Fundamentos de la Dirección de Proyectos (PMBOK)*, un **Proyecto** se define como *"un esfuerzo temporal que se lleva a cabo para crear un producto, servicio o resultado único"*, entendiendo por "temporal" que tiene un inicio y final definidos, alcanzándose el final cuando se han logrado los <u>objetivos</u>. Al igual que un piloto que no despega sin un Plan de Vuelo; al inicio de todo proyecto, el consultor está obligado a tener un <u>plan de trabajo</u> con una <u>metodología</u> seleccionada. También está obligado a ajustarse al presupuesto de horas o días que tenga asignado para alcanzar las objetivos finales. *El consultor es el responsable de la implementación de su módulo* y para asegurarse de ello, siga estas breves recomendaciones:

<u>Si los tiempos son muy ajustados y usted observa que no cubrirá los objetivos completos en dicho tiempo</u>, debe informarlo al gerente de proyecto y presentar un par de soluciones o alternativas de trabajo, que van desde solicitar el cambio en la fecha de terminación del proyecto, hasta la puesta en marcha con un alcance reducido, pasando por la petición de ayuda de un recurso adicional que permita cubrir más objetivos en el mismo tiempo.

<u>Si el gerente no da seguimiento al plan de trabajo,</u> tal vez sea porque el gerente no tiene la formación de PMP (Project Manager Professional) y está liderando en forma empírica, con base a su experiencia o lo que el cree conveniente, por lo que usted debe tomar las riendas de su módulo, darle un seguimiento estricto a su plan de trabajo y presionar al gerente de proyecto para que se respeten sus fechas.

Si los demás consultores no se integran con usted, usted está obligado a buscar esta integración. Usted es una pieza clave del rompecabezas, por lo que debe integrarse con el resto de los módulos. En este caso, si los consultores o el gerente de proyecto no buscan la integración, y esto le está perjudicando en su avance, usted no debe quedarse de brazos cruzados, usted debe tomar las riendas de su módulo y buscar esta integración, convertirse en un facilitador, sólo así podrá asegurarse la terminación de su módulo en tiempo. Si usted cree que el gerente de proyecto o el cliente le van a aceptar la excusa de *"yo ya terminé mi parte, son ellos quienes no han terminado la suya"* está muy equivocado. Para el cliente, usted forma parte de un todo y ese todo no está terminado, así que usted forma parte del problema, y no espere una felicitación ni una palmadita en la espalda. Por el contrario, usted debe adoptar la posición de *"si para yo salir en tiempo necesito empujar a los demás, pues entonces tendré que empujarlos"*. A veces, sólo necesitan romper la inercia, tener una motivación, y seguir una luz. Conviértase en esa guía, en esa luz de los demás consultores.

Aquí aplica el principio de la Triple Restricción de la gestión general de proyectos:

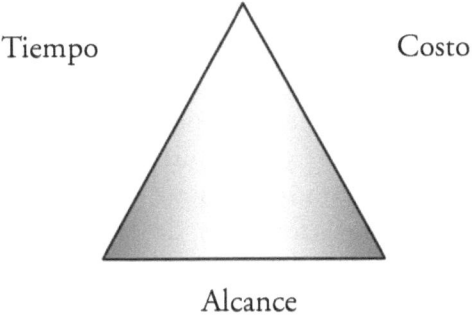

Tiempo   Costo

Alcance

Figura 05. Principio de la Triple Restricción.

Todo proyecto se inicia con un alcance, presupuesto económico y tiempo definidos. Si se decide ampliar el alcance, debemos aumentar el tiempo y costo del proyecto; si queremos reducir el tiempo, entonces debemos reducir el alcance o aumentar el costo; es decir, no podemos modificar alguno de estos 3 elementos sin modificar a los otros 2, no podemos aumentar el alcance del proyecto pretendiendo terminar en el mismo tiempo y con el mismo presupuesto original, tampoco podemos reducir el presupuesto y pretender tener el mismo alcance y tiempo original.

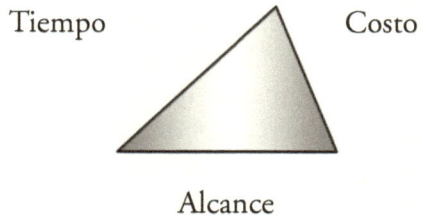

Tiempo   Costo

Alcance

Figura 06. Principio de la Triple restricción. Más Tiempo.

El avance o éxito de un proyecto se mide por los objetivos alcanzados, no por el tiempo transcurrido. Si el equipo de proyecto decide al principio tomarse vacaciones, salir temprano todos los días o tomarse 3 horas diarias para el almuerzo, y posteriormente trabajar 12 horas diarias incluidos los fines de semana, podrán hacerlo mientras los objetivos se cumplan en tiempo. Asimismo, si el proyecto se vendió con 10 recursos y se requieren 15 para alcanzar los objetivos debería ser transparente para el cliente.

3.- *"El cliente no siempre tiene la razón."*
En el 2006, se implementó SAP en una de las cadenas hoteleras más grandes y de mayor prestigio en México y en el mundo: Hoteles Presidente Intercontinental, y desde el principio, el cliente dio muestras muy claras de querer controlar y administrar el proyecto a su criterio y decisión: entrevistó y seleccionó al equipo de consultoría encargado de la implementación, modificó formatos de la metodología, cambió de orden las fases del proyecto y cuestionaba constantemente los soluciones propuestas por los consultores. Como resultado, antes de llegar a la mitad del proyecto ya se habían cambiado a 9 consultores del equipo original –incluido el gerente de la consultoría-, los nuevos formatos complicaron la operación porque no cubrían los estándares de calidad y no los conocían los consultores, el cambio en el orden de las fases causó un retraso de 1 mes y se le tuvo que invertir tiempo adicional en presentar y convencer al cliente sobre las soluciones propuestas, ocasionando un desgaste emocional y físico innecesario.

Al revisar las causas de los desvíos junto con Javier Pérez, Contralor del grupo Presidente y Gerente de proyecto, y al quedar de manifiesto que tanto la metodología, como los formatos, los consultores y las soluciones propuestas no debieron haber sido cuestionadas tan fuertemente como lo hicieron ellos, pues se apegaban a las Mejores Prácticas en administración de proyectos y de negocios, me comentó: "*El error fue de ustedes por habernos permitido llevar el proyecto, ustedes debieron impedirlo puesto que ustedes conocían el sistema y los proyectos, nosotros no*". Esto me dejó muy en claro que aunque el cliente sea el cliente, no siempre tiene la razón. Quienes conocen los sistemas, la metodología y las fallas más comunes en las que se incurre en toda implementación somos nosotros, por ende, el proyecto debe ser administrado por los consultores y no por el cliente.

"*Es que el usuario así me lo pidió*", "*Es que así lo hacen actualmente*", "*El cliente considera que no es la forma correcta*", "*Yo sólo hago lo que el cliente me pide*", son algunas de las frases que cualquier consultor que se respete debe evitar expresar, ya sea ante el cliente o ante el equipo de trabajo, pues sólo denota su falta de conocimiento, de compromiso y de liderazgo, y denota presencia por quedarse en una "zona de confort" donde pueda escudarse en caso de una mala decisión, argumentando que él sólo realizó lo que le ordenaron. Esta tipo de consultoría no sirve, procure deshacerse de ellos inmediatamente, pues sólo contaminan a los demás.

4.- "*Todo consultor debe trabajar con una metodología clara y actualizada*".

Entendamos por **Metodología,** "*un sistema de prácticas, técnicas, procedimientos y normas utilizado por quienes trabajan en una disciplina*"; y entendamos por **Sistema,** "*Un conjunto integrado de componentes interdependientes (Fases de proyecto), creado para alcanzar un objetivo definido (Alcance de proyecto), con relaciones definidas y continuas (Entregables) entre sus componentes (Fases), que al formar un todo produce y funciona mejor que la simple suma de sus componentes.* Una metodología es el resultado de años de estudio e investigación realizados por un equipo de expertos dedicados a lograr el buen desarrollo de proyectos, por lo que toda metodología debe cubrir las fases y detalles que se presentan durante el desarrollo del mismo. Es decir, sólo siguiendo una metodología, el consultor puede trabajar en forma ordenada y en consecuencia, garantizar el éxito del proyecto. De otra forma, no trabajaría en forma estándar, dedicaría tiempo a investigar lo que ya está descubierto, con las consecuencias que esto traiga al proyecto. Nuevamente, *El Arte de la Guerra*: "*…el que planifica la victoria en el cuartel general antes de las hostilidades, es el que tiene mayores posibilidades de triunfar. Los cálculos deberán indicar una mayor potencia que la del oponente (detractores del proyecto); si estás estimaciones revelan una potencia inferior, la*

victoria es imposible. ¡Cómo agota sus posibilidades el que no hace ninguno!
Gracias a estos cálculos se puede ver quién ganará y quién perderá…" (Capítulo
I, 28)

5.- "Todo consultor es excelente por aprobación propia, no por la de los demás."

"*Si quieres ser un héroe, alístate con los US Marines*", fue lo que el agente
Jay (Will Smith) le dijo a su compañero en la película "*Men in Black II*". Con
esto dio a entender que esa organización clandestina se había formado para
preservar la paz en el universo y que todos los días debían salvarlo, aunque
nadie los viera ni se los agradeciera y tampoco esperaban que alguien lo
hiciera. Aunque la gestión de proyectos no es una actividad clandestina, si
debemos lidiar con problemas en forma cotidiana, así que no espere que lo
feliciten por terminar en tiempo y costo ni por resolver problemas, ya que
para eso fue contratado. Tampoco espere que toda la organización lo vea
como héroe si después de la reingeniería del ERP surgen recortes de personal
en varias áreas de la compañía, ni tampoco por haber expuesto las malas
prácticas llevadas a cabo durante años en la gestión financiera, ni mucho
menos por haber eliminado esas "áreas de poder" que tantos años tardaron
en formarse, y que en menos de 6 meses se vieron desaparecer. Recuerde
que usted no fue asignado a proyecto para hacer amigos, y que el cliente no
lo contrató para seguir encubriendo los vicios en las empresas. Si usted es
"el amigo de todos" y le encanta hacer amistades con los clientes, al menos
capitalice esa relación y obtenga beneficios y ventaja de dicha relación. Su
deber es implementar las mejores prácticas de negocio, reducir los costos e
incrementar la productividad. El reconocimiento siempre vendrá cuando
usted cumpla con los objetivos del proyecto.

6.- "Todos los procesos de una empresa deben alinearse al ERP, y evitar que el ERP deba alinearse a la empresa".

Este principio es invaluable. Las principales casas de ERP en el mundo
invierten miles de dólares anualmente en investigación y desarrollo de
las Mejores Prácticas de negocio, las cuales son debidamente integradas
a los procesos de sus ERP, por lo que su efectividad ha sido comprobada
por las principales compañías trasnacionales de Clase Mundial, y su
implementación es garantía de éxito. Este costo derivado de la investigación
se refleja en los altos costos del mantenimiento y de las licencias del
sistema, así que, piense por un momento que ni el sponsor ni el CEO de
la compañía estarán dispuestos a comprar un sistema tan costoso con las

Mejores Prácticas integradas para que su compañía continúe trabajando con los mismos procesos, mismos problemas y mismos resultados de los últimos 14 años. Trate de alinear todos los procesos de la compañía a los procesos estándar presentes en el ERP. La reacción natural de todo key user al momento de presentarles los nuevos procesos a los cuales deberán adaptarse, es de rechazo. Usted debe tener presente en todo momento este valiosísimo principio y no dejarse llevar por la insistencia del cliente de que la forma actual en que está haciendo las cosas es la mejor, ya sea porque lleva haciéndolo 12 años de la misma forma o bien, porque no conoce otra forma de hacerlo. Usted debe evitar en todo momento modificar la estructura y la secuencia lógica de los procesos del ERP a los procesos actuales del cliente. Las únicas excepciones en que el ERP deba adaptarse a los procesos del cliente debe ser por motivos legales o porque sean *"sui generis"* y no puedan ser cubiertos por el estándar.

Algo muy común es que –a pesar de todas las pláticas, dinámicas y mensajes sobre la "adaptación al cambio" realizadas- el cliente solicite que se le configure el proceso tal cual lo esté realizando en ese momento. Usted debe llegar al fondo del problema. Por ejemplo, el cliente le solicita que toda la corrida o ejecución de pagos deba ser autorizada por algunos de los directores para cerciorarse de que no están excediendo el presupuesto. La mayoría de los ERP no tienen sujeta la corrida de pagos a autorización alguna, por lo que la solución no está en esa parte del proceso. Sin embargo, si usted se concentra en "buscar la forma de someter a autorización las corridas de pago" está usted completamente equivocado, pues en ese momento está usted adaptando el   ERP a los procesos del cliente. Usted debe realizar una serie de preguntas al cliente hasta llegar a conocer cuáles son los verdaderos motivos y razones para necesitar un proceso de determinada forma. Es su obligación mostrar la forma en que el sistema puede atender su requerimiento, tal vez con pasos de más o de menos, pero esto es parte del cambio. Al final de este ejemplo, el cliente pudo observar que desde que se ingresen las facturas pueden realizarse todas las validaciones posibles inclusive los bloqueos para pagos, de tal forma que cuando se ejecuten las corridas de pago, sólo se seleccionen aquellas facturas que hayan pasado por los filtros antes mencionados. Usted les va a cambiar la forma de trabajar a ellos, y no ellos a usted. Alguien en alguna ocasión me dijo: "El ser humano no es resistente al cambio, si así fuera, todos seguiríamos en la Edad de Piedra. El ser humano es resistente a que lo cambien". Con esto comprendí que aunque a todos nos quede claro que se deben adaptar a los nuevos procesos, nuestra obligación como consultor es saber "venderles" las bondades del sistema. No trate de imponerlos, pues sólo se encontrará con rechazos.

7.- *"Todo proceso empresarial es susceptible de ser estandarizado y mejorado."*

La próxima vez que usted acuda a un establecimiento de comida rápida, al cine, al aeropuerto o al banco, procure observar: observe bien por un tiempo los movimientos del personal de caja, de los responsables de la limpieza, de los almacenistas y de la clientela en general. Observe con detalle y podrá ver como un empleado le ofrece un postre o un ingrediente adicional cada vez que termina de levantar una orden en un restaurante de comida rápida; como un empleado bancario dedica más de 20 minutos a una sola persona y es indiferente ante la fila de personas esperando ser atendidos, cuando en la fila se encuentran personas que sólo van a hacer una sola operación que no les llevaría arriba de 2 minutos atenderlos; observe en el aeropuerto, -cuando cancelan un vuelo o está retrasado- como los empleados de las aerolíneas tienen la consigna de sacarlo del aeropuerto hasta la entrada principal para evitar congestionamiento ante los demás pasajeros de otras aerolíneas, y se van pasando el problema de un puesto a otro: el de control aéreo le dice que tiene que ir al mostrador; el del mostrador le dice que tiene que bajar al área de equipaje; el de equipaje le dice que tiene que ir a mostradores y así hasta llegar al front desk, donde usted probablemente ya se encuentre solo, pues en el camino se fueron desesperando los demás pasajeros y otros más que ya desistieron. Como podrá concluir, algunos negocios tienen procedimientos muy claros y concisos, otros, van improvisando o se adaptan a las condiciones del momento, pero lo importante aquí es preguntarse: ¿me atendían igual en el cine hace quince años? ¿No? ¿En qué ha cambiado y porqué? ¿Me atendían igual en un hospital hace diez años? Diferencias mas, diferencias menos, todos los procesos cambian, para bien o para mal.

Ningún proceso puede permanecer estático e inamovible ante la ola de cambios producto de los avances tecnológicos, del desarrollo de los países, del clima político o de los tratados comerciales, por mucho que haya sido probado, sea empresarial o no. Basf Pinturas, antes enviaba sus pinturas automotrices a Volkswagen, ahora es Volkswagen quien le envía los vehículos a Basf para que los pinten en sus propios talleres y le entreguen el producto completo. Ahora se trasladan los costos de la logística a los proveedores. Antes los pasajes aéreos se compraban en agencias de viajes, o en oficinas propias de las aerolíneas, ahora se compran directamente por

Internet. Se ahorran dinero en comisiones. Antes, para exportar productos se debían realizar demasiados trámites, ahora se puede exportar a través de las mismas empresas de mensajería mundial. Todo proceso fue diseñado para atender las demandas y requerimientos que en su momento existían, usted es responsable de validar si dicho proceso cubre las demandas y requerimientos actuales. Pongamos el ejemplo del stock de seguridad en la gestión de la demanda de mercancías: para evitar infra cobertura de insumos y por ende, paros en la producción y entregas de productos terminados, la gran mayoría de las empresas calculan un pequeño stock de materias primas que permitan subsistir "por si hay atrasos en las entregas", inflando innecesariamente de esta forma sus ya de por sí, sobre valorados inventarios.

Esta idea fue conceptualizada a finales de la Primera Guerra Mundial, cuando los proveedores tenían sus fábricas y talleres fuera de la ciudad e inclusive, fuera de la misma, debiendo trasladarse en vehículos muy lentos, y en ocasiones a caballo, sujetos a las condiciones climáticas, de guerra y económicas de la época, por lo que los atrasos en las entregas estaban a la orden del día. Hoy en día, este concepto de "stock de seguridad" tiende a desaparecer, puesto que los proveedores pueden a garantizar sus entregas en plazos fijos menores a 24 horas, y sin embargo, se sigue aplicando el concepto, ya sea por costumbre, porque creen que es lo correcto o simple y sencillamente porque no conocen otro método. Al revisar y evaluar un proceso, siempre habrá algo por actualizar, por modificar o por corregir que le permita al cliente explotar al máximo la herramienta ERP implementada, por lo que el acostumbrado argumento del cliente de "*así lo he hecho siempre*" no debe ser tomado en cuenta durante la implementación de un ERP.

8.- *"Todos los consultores deben ser parte de la solución, no del problema."*

Si usted es gerente de proyecto, usted es el responsable del éxito del mismo. Si usted es consultor senior, entonces es responsable del éxito de la implementación de su módulo. Y si usted es consultor junior, es responsable de la configuración y documentación que le hayan asignado. Si la configuración es correcta, el módulo estará correcto. Y si los módulos están correctos, el proyecto es un éxito. Si el proyecto es un éxito, entonces se genera una buena utilidad que sirve para pagar los salarios de los consultores, e inclusive para pagar bonos de productividad. Y si contribuimos al éxito de varios proyectos, entonces nos convertimos en garantía de éxito y por lo tanto, es más fácil negociar aumentos de sueldo, ascensos, prestaciones adicionales y mejores bonos de productividad, y por el lado de la empresa de consultoría se pueden vender más proyectos. Por lo tanto, todos los consultores debemos contribuir al cierre exitoso de cualquier proyecto, y una forma de hacerlo es siendo parte de la solución y no del problema.

Hay varias formas de solucionar problemas:

1) **Para beneficio propio:** Cuando un consultor termina de configurar su módulo y se encuentra con el problema de no poder avanzar debido al atraso de otros módulos, debe notificarlo inmediatamente al gerente de proyecto. Si el atraso continúa, el consultor debe buscar la forma de que los demás módulos avancen para que a su vez, él pueda continuar ¿cómo lograrlo?

   a. solicitándolo directamente a los responsables de cada módulo,
   b. poniendo fechas compromiso e indicando que de no cumplirse se genera un atraso en la fecha de arranque en productivo;
   c. incluyendo el riesgo en la hoja de Control de Riesgos,
   d. Si un consultor es clave para que usted avance y no responde a una petición directa suya, observe quién podría ejercer influencia en él y hágalo a través de esta persona.

2) **Para beneficio del equipo:** Usted puede limitarse a resolver problemas en su módulo y de alguna forma cumplir con su objetivo. Y si el proyecto fracasa, nadie lo culparía directamente ya que –de alguna forma– usted cumplió, pero también es responsable del fracaso en forma indirecta. Pero, si usted observa que el gerente de proyecto está tomando decisiones equivocadas, que hay un consultor enviando señales negativas al equipo, que el vendedor está ofreciendo cosas imposibles, y que el cliente está tomando ventaja de esto, ¿debería quedarse sin hacer nada? ¿debería dedicarse a murmurar y a conspirar a espaldas de los gerentes y no aportar nada al proyecto? O bien, ¿debería tomar cartas en el asunto y ver la forma de corregir esto? Por supuesto, esto último es lo que todos esperan de nosotros, que demos ese "Valor agregado" a nuestro trabajo, ese "plus" tantas veces mencionado y pocas veces entendido. Esto es, pensar en el equipo. ¿Cómo beneficiar al equipo?

a. Comentándolo directamente con el gerente de proyecto y exponiendo los motivos por los cuales considera que sus decisiones son equivocadas.

b. Presentar siempre un problema acompañado de alternativas de solución,

c. Señalar la mala actitud de los compañeros de trabajo y tratar de integrarlos al equipo.

d. Mencionar que los acuerdos comerciales no convienen al proyecto e indicar porqué.

Todas estas acciones deben realizarse de forma cortés pero contundente, sin reclamos, sin insultos y sin recriminaciones que lleven a una confrontación en lugar de un acercamiento. Si el gerente se equivoca, no lo exhiba, por el contrario, hágale saber su sentir en privado y bríndele la oportunidad de reivindicarse ante el equipo y ante el cliente. De hacerlo así, usted se volverá su aliado y confiará más en usted. Si decide exhibirlo, sólo conseguirá resentimientos, aunque usted tenga la razón.

3) **Para beneficio en el futuro**: Usted ha contribuido al éxito de su módulo y sus aportaciones han ayudado enormemente al éxito del proyecto, y todos de alguna forma se lo reconocen. Pero, ¿por qué debería quedarse aquí, si usted puede aportar mucho más a la organización que depositó la confianza en usted? ¿Porqué limitarse a apoyar a un proyecto, cuando puede sentar las bases para las tomas de decisiones futuras en otros proyectos? ¿Cómo lograrlo?

a. Fomentar el ejercicio de las "Lecciones aprendidas", actividad realizada normalmente por el equipo de Gestión del Cambio o bien, por la Oficina de Control de Proyectos (PMO) de la empresa consultora. De esta forma, sus experiencias quedan plasmadas para la posteridad.

b. Desarrollando procedimientos para toda la organización.

c. Realizando evaluaciones sobre resultados obtenidos en proyectos anteriores y compararlo con los suyos para usarlo como soporte.

d. Participar en los eventos de formación y capacitación organizados por la compañía para compartir sus experiencias y enseñar a otros la forma de resolverlos.

9.- *"El consultor jamás se involucra sentimentalmente con el <u>cliente</u>"*. Este principio es muy claro y en ningún momento contiene una postura moralista, ya que los motivos son estrictamente de negocio. ¿Por qué no debe involucrarse sentimentalmente un consultor con el <u>cliente</u>, ya sea el propio usuario clave / usuaria clave, usuario final o algún otro empleado de la compañía? Por los siguientes motivos:

a. Usted maneja información confidencial, y una relación más allá de lo estrictamente laboral conduce a filtrar información que –mal manejada o mal entendida- puede generar molestias entre el personal, como por ejemplo, nombres del personal a liquidar, reubicación de empleados, sueldos y salarios del consultores y del propio personal, etc.

b. El proyecto no puede verse comprometido por el estado de su relación sentimental, es decir, no debe poner en riesgo el éxito del proyecto sólo porque usted se disgustó con su usuario / usuaria clave o final, y por tal circunstancia, se busque perjudicar al proyecto para perjudicarlo a usted.

c. Porque usted se convierte en blanco fácil para señalarlo como responsable de cualquier atraso, desfase u error generado durante el proyecto, ya que usted *"no estaba de tiempo completo en el proyecto"*.

d. Porque usted no puede tener preferencias ni atenciones especiales con nadie, ya que si por alguna razón se le carga más el trabajo a alguno de sus compañeros de trabajo o a alguno de los key users, reclamarán inmediatamente la actitud preferencial por usted hacia la otra persona.

e. Porque usted debe inspirar confianza en el cliente, y si usted sostiene una relación sentimental, inspira lo contrario, aun que usted sea un consultor experto en la configuración del sistema. Recuerde que usted es la imagen de la firma.

En cierto proyecto en Centroamérica me enteré del caso de un consultor llamado Hermann, que si bien no mantuvo relaciones sentimentales con una usuaria o con personal que laboraba en el cliente si no con una persona completamente ajena al proyecto, esa relación le causó una serie de problemas con el cliente y con el gerente de proyecto que lo llevaron a la salida del mismo. El era un tipo casado con 2 hijos, y según dicen dejó a la esposa embarazada para meterse bajo las sábanas de su amante sin importarle su suerte, y debido a que su amante vivía en el norte del país y el proyecto se desarrollaba en el sur, se ausentaba constantemente del proyecto para poder estar junto a ella. Llegaba los martes a medio día y se regresaba los jueves a medio día, sólo trabajaba 3 días a la semana y sus pretextos podían llenar todo un capitulo dedicado a la mentira: "se descompuso al auto", "cerraron la carretera", "hubo amenaza de Tsunami", etc. Su falta de moralidad y de decencia ocasionó que el cliente no lo quisiera y eso obligó a su salida del proyecto.

Mi consejo es: si usted es muy caliente y no puede evitar tener novias o novios según sea el caso, trate de ser discreto para no interferir en el proyecto o mejor trate de conseguir trabajo como lanchero en Acapulco, México, ya que es de todos conocidos lo ardiente que son y lo mucho que son solicitados por las turistas extranjeras.

10.- *"El consultor siempre debe pensar y actuar en beneficio del proyecto, jamás en beneficio del cliente, en beneficio propio o de la empresa de consultoría."* Recordemos que todo proyecto tiene personalidad y vida propias, es decir, tiene reglas, políticas y procedimientos propios que fueron desarrollados basados en los existentes en las compañías, y en los establecidos por las metodologías a implementar, por lo que resulta un híbrido de ambas culturas, de la empresa implementadora y del cliente, así que no podemos alinearnos 100% de ningún lado. Si se aproxima un día festivo o feriado y la empresa de consultoría otorga el día libre, pero la empresa del cliente no, entonces usted debe pensar en el beneficio del proyecto: si es necesario quedarse a trabajar para recuperar tiempo atrasado o adelantar actividades en beneficio del proyecto deberá quedarse a trabajar; sin embargo, si el proyecto se encuentra en una fase no crítica y usted no ve problema alguno en ausentarse entonces que esa sea la decisión a tomar. Si a usted le están solicitando salir del proyecto actual para incorporarse a otro –por así convenir a los intereses de la empresa de consultoría- pero usted detecta un riesgo alto al salirse, quizá debería reconsiderar su salida y planteárselo a al gerente o a las personas que toman las decisiones en su empresa, ya que estaría perjudicando directamente al buen desarrollo del proyecto.

CAPÍTULO 3

Conceptos básicos de la consultoría

-   **Administración.** Es el desempeño para lograr el objetivo deseado por medio de los esfuerzos de un grupo coordinado que consiste en la utilización del talento humano (conocimiento y sentido común) y los recursos (maquinaria, equipo herramientas)

-   **Balanced Scorecard.** El Balance Scorecard conocido como "Tablero de comando" o "Cuadro de mando integral" permite canalizar las habilidades, los conocimientos y esfuerzos de toda la empresa hacia el logro de la misión y objetivos estratégicos, proporcionando una visión integral del desempeño de la organización, al vincular los indicadores financieros con indicadores clave de gestión relacionados con la satisfacción del cliente, los procesos internos del negocio y el fortalecimiento del capital intelectual.

-   **BCS. Budget Control System.** Para la planificación estratégica y como primer paso la elaboración de presupuesto, SAP ofrece 2 herramientas: **BCS (Budget Control System)** y **BPS (Business Planning and Simulation)**. La primera se caracteriza por la sencillez y capacidad de integración de herramientas de Microsoft Office y sería suficiente para la mayoría de las administraciones. Sin embargo BPS, basado en el Data Warehouse de SAP, Business Intelligence, ofrece mayores posibilidades de simulación y herramientas para la planificación y elaboración presupuestaria.

Las nuevas herramientas de SAP (y en concreto BCS) para la elaboración de presupuesto tienen en cuenta este aspecto y por ello integran el entorno Excel dentro de su propia aplicación.

Otra característica de SAP BCS es su simplicidad, tanto en la transferencia de datos como en la implantación. La estructura de posiciones presupuestarias es sencilla de definir y responde a las necesidades de cualquier Administración. Permite trabajar con múltiples versiones y realizar cálculos tan complejos como permita Excel. La introducción de datos puede ser centralizada o descentralizada. Los datos se pueden importar y exportar fácilmente y combinar con datos de otras fuentes.

Si bien para la elaboración de presupuesto es muy importante la introducción de datos, no lo es menos disponer de una herramienta para comparar estos con los de ejercicios anteriores. En este aspecto SAP proporciona con los Informes de Investigación (Drill-Down Reporting) –lo que antes se denominaba Report Painter- un entorno de generación de informes sencillo, flexible y ampliamente probado. Sin embargo, si realmente queremos una herramienta potente y vistosa para elaborar informes y presentaciones, el entorno de Business Intelligence de SAP es la herramienta adecuada. Al ser un sistema independiente, permite combinar datos de muy diferentes fuentes y tiene una potencia de cálculo encomiable. Los informes se pueden presentar en entorno web o Excel y su manejo es sumamente intuitivo, tanto para la creación como para la explotación de informes.

- **Business Intelligence (BI).** Es el conjunto de tecnologías que permite a las empresas utilizar la información disponible en cualquier parte de la organización, para hacer mejores análisis, descubrir nuevas oportunidades y tomar decisiones mejor informadas. En otras palabras, "Business Intelligence" consiste en integrar la información relevante para toma de decisiones de los sistemas operacionales independientemente de la plataforma donde estos se encuentren, modelarla en términos de un entorno analítico (contexto del dato) y presentarla al usuario final de acuerdo a sus necesidades, ámbito de responsabilidad y nivel de experiencia en el uso de computadoras.

Algunos de los beneficios de BI:

o   Respuesta inmediata a cualquier consulta.
o   Cada usuario puede servirse solo la información que necesita
    al momento.
o   Sencillos y de uso muy intuitivo.
o   La información se almacena de manera separada a la de la
    operación, por lo que no compiten por recursos.
o   La información presentada en ellos es la única versión de la
    verdad para la empresa.
o   Transforman el concepto de reporte fijo en análisis por demanda.
o   Adecuado a las necesidades de todos los tipos de usuarios
    analíticos (Ejecutivos, Gerenciales y Operativos).

-   **Bluetooth. (Diente Azul). T**ecnología que permite la
    intercomunicación (de manera inalámbrica) de dispositivos que
    implementen las normas conocidas. El logotipo Bluetooth proviene
    del nombre Harald Blåtand (Harold Bluetooth en lengua inglesa),
    un rey danés y noruego, conocido por unificar las tribus noruegas,
    suecas y danesas –de allí la idea de "unificar" a los dispositivos-. El
    isotipo se conforma de la unión de runas nórdicas H y B.

-   **Cadena de Abastecimiento**. Por cadena de abastecimiento o cadena
    de suministro se entiende el entramado complejo de procesos que
    se da al interior de una compañía, y hacia su exterior, y que implica
    intercambios y flujos de materiales, bienes y/o información.
    De acuerdo al nivel de generalización con que sea abordada, puede
    considerarse que la cadena de abastecimiento engloba a una serie de
    compañías y actores comerciales, partiendo desde las materias primas
    hasta la utilización que el consumidor final hace de los productos.
    O bien, puede visualizarse la cadena de suministro en términos de
    una empresa particular, incluyendo los procesos internos así como
    la relación con proveedores y clientes. Típicamente, la cadena de
    abastecimiento se inicia con el suministro de materias primas,
    continúa con la fabricación y finaliza en la distribución, incluyendo
    el control de producción y el servicio a clientes.

-   **Camino crítico**. Generalmente, pero no siempre, es la secuencia de
    actividades del cronograma que determina la duración del proyecto.

Normalmente, es el camino más largo para el proyecto. No obstante, un camino crítico puede finalizar, por ejemplo en un hito del cronograma que se encuentra en el medio del cronograma del proyecto y que tiene una restricción del cronograma expresada por una fecha impuesta que exige finalizar antes de una fecha determinada.

- **Ciclo de Vida de Producto.** Este concepto está asociado a las distintas etapas que atraviesan los productos desde su aparición hasta su declive. Usualmente, el ciclo de vida de los productos es conceptualizado desde el marketing a través de una serie de procesos que incluyen, en primer lugar, su gestación y desarrollo, luego su introducción al mercado, más tarde su proceso de crecimiento hasta alcanzar la madurez y su posterior decadencia. Estas etapas no son exclusivamente "necesarias", y los tiempos de cada una también varían según el ejemplo considerado. En el caso del ciclo de vida de algunos productos, los expertos en marketing han desarrollado exitosas estrategias que permiten demorar o evitar indefinidamente el período de declive. La gestión del ciclo de vida de los productos se conoce en forma técnica como *Product Lifecycle Management* ®.

- **Control de Riesgos.** Es el documento que contiene los resultados del análisis cualitativo y cuantitativo de riesgos, así como la planificación de las respuestas a los mismos. Contiene también todo el detalle de los riesgos identificados, incluso la descripción, categoría, causa, probabilidad de ocurrencia, impactos en los objetivos, respuestas propuestas, responsables y condición actual.

  Un riesgo es un evento o condición inciertos que, si se produce, tiene un efecto positivo o negativo sobre al menos un objetivo del proyecto, como tiempo, costo, alcance o calidad, es decir, cuando el objetivo del tiempo de un proyecto es cumplir con el cronograma acordado; cuando el objetivo del costo es cumplir con el costo acordado, etc. Un riesgo puede tener una o más causas y si, se produce, uno o más impactos. Por ejemplo, una causa puede ser el adquirir hardware adicional para instalar el ERP, o que se asigne personal limitado al proyecto. El evento de riesgo puede ser que el proveedor de hardware se tarde más de lo previsto en entregar los equipos o bien, que el personal asignado no sea suficiente para atender a todos los consultores. Si ocurren algunos de estos eventos inciertos, puede haber un impacto sobre el costo, cronograma o rendimiento del proyecto. Las condiciones de riesgo pueden incluir aspectos del entorno del proyecto o de la organización que pueden contribuir al riesgo del mismo, tales como prácticas deficientes de dirección de proyectos, la falta de sistemas de gestión integrados, múltiples proyectos concurrentes o la dependencia de participantes externos que no pueden ser controlados.

IMPACTO DE RIESGOS							
ID PROJECT	NOMBRE DE PROYECTO				FECHA	CODIGO DE DOCUMENTO	

EVALUACION DEL IMPACTO DE RIESGOS							
	Identificación						
ID	WBS	Descripción	Tarifa	Cant	Días	Importe	Plan contingencia
1		Cambios en las definiciones de la fase II con la configuración terminada	500	3	15	22,500	Mitigar: presentar cierre de fase II cada comité directivo
2		Retraso en la entrega del servidor de Desarrollo	500	3	15	22,500	Evitar: préstamo de un servidor
3		Atraso en la entrega de Datos Maestros para carga inicial	500	5	20	50,000	Evitar: solicitar desde el inicio del proyecto la depuración y conformación de los datos maestros
4		Atraso en la entrega de saldos iniciales	500	5	20	50,000	Evitar: solicitar desde el inicio del proyecto la depuración y conformación de los datos maestros
5		Cambios en el equipo de consultoría o en la gerencia de proyecto	500	1	5	2,500	Mitigar: mantener un seguimiento cercano en la entrega de documentación por fases para cada consultor, para facilitar la transferencia de conocimiento
				Total	US	147,500	

Cuadro 08. Evaluación de impacto de riesgos.

En el documento "Impacto de Riesgos" se deben relacionar aquellos riesgos que se hayan identificado desde el inicio del proyecto -por muy simples e improbables que parezcan-, además de aquellos que por experiencia propia sabemos que pueden presentarse. Se indica la tarifa y los días estimados de desfase si llegase a ocurrir el riesgo. En "Cantidad" se indica la cantidad de consultores que se requieren para asumir el riesgo.

Condiciones definidas para Escalas de Impacto de un riesgo sobre los principales objetivos de proyecto					
(Sólo muestran ejemplos sobre impactos negativos)					
Se muestran escalas negativas o numéricas					
Objetivos del Proyecto	Muy bajo/0.05	Bajo /0.10	Moderado /0.20	Alto /0.40	Muy Alto /0.80
Costo	Aumento de costo insignificante	Aumento del costo <10%	Aumento del costo del 10 al 20%	Aumento del costo del 20% al 40%	Aumento del costo >40%
Tiempo	Aumento de tiempo insignificante	Aumento del tiempo > 5%	Aumento del tiempo del 5 al 10%	Aumento del tiempo del 10 al 20%	Aumento del tiempo > 20%
Alcance	Disminución del alcance apenas perceptible	Areas de alcance secundarias apenas detectadas	Areas de alcance principales afectadas	Reducción del alcance inaceptable para el patrocinador	El elemento terminado del proyecto es efectivamente inservible
Calidad	Degradación de la calidad apenas perceptible	Sólo las aplicaciones muy exigentes se ven afectadas	La reducción de la calidad requiere la aprobación del patrocinador	Reducción de la calidad inaceptable para el patrocinador	El elemento terminado del proyecto es efectivamente inservible

MATRIZ DE PROBABILIDAD E IMPACTO					
Probabilidad	Calificación del Riesgo = P * I				
0.90	0.05	0.09	0.18	0.36	0.72
0.70	0.04	0.07	0.14	0.28	0.56
0.50	0.03	0.05	0.10	0.20	0.40
0.30	0.02	0.03	0.06	0.12	0.24
0.10	0.005	0.01	0.02	0.04	0.08
	0.05	0.10	0.20	0.40	0.80
Calificaciones del Impacto					

Cuadro 09. Matriz de probabilidad de impacto.

Después de identificar todos los riesgos, se procede a determinar la Escala de Impacto. Se toma cada uno de los riesgos y se debe evaluar si- en caso de ocurrir- dónde impactaría más: en Costo, en Tiempo, en el Alcance o en la Calidad. Se toma la mayor escala y con este dato se entra en la Matriz de Probabilidad e Impacto. Por ejemplo: se elige el riesgo "Retraso en la entrega del servidor".

¿Impacta en Costo? Sí, ¿Cuánto? Alto (0.40), debido a los días adicionales de consultoría.

¿Impacta en Tiempo? Sí, ¿Cuánto? Moderado (0.20), si conseguimos un servidor prestado.

¿Impacta en Alcance? No, el alcance no cambia.

¿Impacta en Calidad? No, la calidad no cambia por el retraso.

En este caso, tomamos la escala de 0.40 por ser la más alta de los 4 objetivos. Con este valor entramos a la matriz y lo ubicamos en "Calificaciones del Impacto" y lo cruzamos contra la probabilidad de ocurrencia del riesgo, la cual puede ser estimada, o bien, con una simple regla de probabilidad: si de 10 proyectos en los que hemos estado, en 8 de ellos se han entregado tarde los servidores, entonces la probabilidad es del 0.8. Al cruzar la probabilidad del 0.8 con la Calificación de Impacto de 0.4 podemos observar que se obtiene la Calificación del Riesgo de 0.28, la cual está dentro de una zona roja, lo cual indica que es crítico.

Evaluación de Riesgos										
Identificación			Cuantificación						Riesgo residual	
ID	# WBS	Descripción del Evento de Riesgo	Calif	Impacto	Consecuencias	Prob.	VME	Estado	Nueva Prob.	Nuevo VME
1		Cambios en las definiciones de la fase II con la configuración terminada	0.40	22,500		0.50	11,250			
2		Retraso en la entrega del servidor de Desarrollo por parte de X	0.18	22,500		0.90	20,250			
3		Atraso en la entrega de Datos Maestros para carga inicial	0.03	50,000	Calificación baja	0.30	0			
8										
				Total	US		31,500			0

Cuadro 10. Evaluación de riesgos.

En la Matriz de Evaluación de Riesgos se indican los riesgos, su Calificación, el Impacto económico y la probabilidad de ocurrencia, lo cual nos genera la Variación Media Esperada (VME = Impacto económico x Probabilidad). Este documento forma parte de los entregables de la fase I y es un documento vivo, es decir, debe actualizarse y entregarse con el cierre de cada fase. Debe entregarse al cliente para que esté al tanto de las implicaciones económicas en caso de presentarse todos los riegos.

- **CRM. (Customer Relationship Management)** Es una estrategia de marketing destinada a construir proactivamente un sesgo o preferencia en los consumidores por una determinada organización, lo cual suele resultar en unos mayores índices de retención de esos consumidores y en un rendimiento económico mayor. El CRM es, claramente, una estrategia orientada al largo plazo, que requiere inversiones tecnológicas y estratégicas que dan fruto cuando el cliente acaba dándose cuenta de que realmente la compañía le "entiende" y le satisface mejor que la competencia. En cierto sentido, se trata de una redefinición de la compañía desde el punto de vista del cliente.

- **Data Mining.** Es la extracción de información oculta y predecible de grandes bases de datos, es una poderosa tecnología nueva con gran potencial para ayudar a las compañías a concentrarse en la información más importante de sus bases de información (Data Warehouse). Las herramientas de Data Mining predicen futuras tendencias y comportamientos, permitiendo en los negocios tomar decisiones proactivas y conducidas por un conocimiento acabado de la información (knowledge-driven). Los análisis prospectivos automatizados ofrecidos por un producto así van más allá de los eventos pasados provistos por herramientas retrospectivas típicas de sistemas de soporte de decisión. Las herramientas de Data Mining pueden responder a preguntas de negocios que tradicionalmente consumen demasiado tiempo para poder ser resueltas y a los cuales los usuarios de esta información casi no están dispuestos a aceptar. Estas herramientas exploran las bases de datos en busca de patrones ocultos, encontrando información predecible que un experto no puede llegar a encontrar porque se encuentra fuera de sus expectativas.

- **Data Warehouse.** Data Warehouse es una copia de datos transaccionales específicamente estructurados para efectos de reportes y consultas. Trabaja con estructuras de información que se actualizan de acuerdo a reglas y criterios indicados por el usuario. Las estructuras se ubican dentro de la misma base de datos del ERP y permite consultar grandes volúmenes de datos en muy poco tiempo. La evolución del Data Warehouse es el Business Warehouse, la cual consiste también en la extracción de datos específicos hacia una base de datos, con la diferencia de que los datos pueden extraerse de sistemas externos del ERP y la base de datos está fuera del ERP, es decir, se guardan en una base de datos externa.

- **Eficiencia.** Al igual que la productividad, este término refiere a la relación entre los productos empleados y los resultados obtenidos a partir de ellos. Se vincula a la racionalización de factores utilizados para alcanzar los objetivos planteados en la estrategia con la menor cantidad de recursos posible.

- **Empowerment**. Es el acto de conferir formalmente poderes a una persona para tomar decisiones. También conocido como "empoderamiento", es la forma de garantizar que los usuarios clave o key users tengan la completa autoridad y poder para tomar decisiones sobre los nuevos procesos, eliminar viejas prácticas, eliminar puestos, generar nuevos y demás. Este acto se formaliza a través del nombramiento de la persona como miembro del equipo de trabajo, como usuario clave, y a través del documento "Estatutos del Proyecto" en la sección de "Roles y Responsabilidades"

- **Engine.** Es un software o componente adicional que se requiere instalar necesariamente para poder ejecutar o instalar otra aplicación que trabaja dependiente de ella o sobre de ella. Por ejemplo, existen algunas aplicaciones como el BPS de SAP que deben trabajar obligatoriamente sobre una herramienta de Business Intelligence, en este caso sobre BW (Business Information Warehouse). BW es el *engine* de BPS, y al considerarse un software adicional debe cotizarse aparte, aunque la ventaja aquí es que normalmente el licenciamiento varía si se usa como engine o con la funcionalidad completa.

- **Engineering Value.** La ingeniería del valor –o Engineering Value- es una técnica multifuncional que se emplea en las etapas fundamentales en el proceso de diseño de un instrumento o producto y sirve para identificar y eliminar el valor añadido innecesario que no suma calidad. En otras aplicaciones ayuda a mejorar el aspecto, duración o características deseadas por los clientes a un instrumento (producto). *El análisis del valor se emplea principalmente para la reducción de costos de los instrumentos diseñados.* Centrado en conjuntos o componentes, incluye el examen de los artículos adquiridos a proveedores, del diseño del producto, del diseño del proceso, de las materias primas, del sistema de aprovisionamiento y de los envases.

La ingeniería del valor, centrada en artículos de costo elevado o en aquellos otros de escaso beneficio, baja calidad o problemáticos y basada en equipos multifuncionales de cinco a seis personas, ha demostrado que es muy eficaz al agrupar al personal de diseño y de producción.

-   **Entregables.** *(Deliverables)* Cualquier producto, resultado o capacidad de prestar un servicio único y verificable que debe producirse para terminar un proceso, una fase o un proyecto. A menudo se utiliza más concretamente en relación con un producto entregable externo, el cual está sujeto a aprobación por parte del patrocinador del proyecto o del cliente. Al principio de todo proyecto debe indicarse en una lista los productos que se entregarán al término de cada fase, así como la fecha planeada de entrega de la misma. Pueden ser tangibles (Manual de usuario, manual de configuración, Acta de constitución del proyecto, etc.) o intangibles (Capacitación a usuarios finales, sistema configurado, Team Building).

-   **ERP.** *Enterprise Resource Planning.* Esta expresión alude a la planificación de los recursos empresariales, aspecto clave para la vitalidad de una compañía. Para facilitar la gestión del enorme volumen de información que deben procesar las empresas, se han ideado sistemas de administración y soluciones de negocios que automatizan tal tarea a fines de poder controlar más fácilmente e integrar en un único sistema diversas actividades de un mismo negocio, como la relación con proveedores, la administración de inventarios, la distribución y las finanzas, entre otras.

Algunos ERP conocidos:

> **BPCS.** BPCS incluye lógica del MRP a las operaciones de fabricación, con tal que haya mayores niveles de la validez de los datos tales como especificaciones de la ingeniería y la exactitud del inventario. Se ejecuta en varios sistemas con el sistema i de IBM o mejor conocido como iSeries de eServer de IBM AS400 siendo el más popular. Se escribe en As/Set el RPG, el SQL entre otros lenguajes de IBM algo únicos al sistema.

JD EDWARDS Construido para la plataforma de los iSeries de IBM, JD Edwards de Oracle ofrece una solución de Clase Mundial para las empresas. JD Edwards entrega las mismas funciones avanzadas disponibles a empresas más grandes, no es una versión dentro de una solución más grande.

MAPICS. MAPICS es una de las soluciones más utilizadas en el mercado mediano de manufactura en el mundo. Las soluciones están compuestas de poderosas aplicaciones empresarias (EEA) que hacen eficientes los procesos de negocios de manufactura, servicio al cliente, ingeniería, planificación de la cadena de suministros y finanzas. Las soluciones soportan operaciones internacionales y multiplanta sobre plataformas que abarcan AS/400

- Windows NT
- UNIX
- Linux

SAP. Sap es la corporación dedicada a proveer soluciones empresariales de todos los tipos. Se considera a SAP como la empresa mundialmente en desarrollo de software empresarial. En muchos casos la adopción de SAP por las empresas se hace mediante la contratación de consultoras especializadas. Entre ellas destaca en el caso de México consultoras como IBM, Accenture u OJC, todas ellas con presencia internacional.

- **Estrategia.** Una estrategia se vincula, en términos empresariales, al trazado de un plan de acción a los fines de alcanzar determinados objetivos corporativos o financieros. Cada vez más compañías comprenden el valor de procesar un considerable volumen de información y automatizar sus procesos para así establecer metas más certeras y, en base a eso, elaborar estrategias ad hoc. Para ello acuden a sistemas de administración y soluciones de negocios como las elaboradas por SAP. El software de gestión SAP ERP les permite, por ejemplo, optimizar la planificación de sus recursos, mientras que plataformas de negocios como SAP CRM y SAP

SRM les posibilita potenciar las ventajas de su manejo de clientes y relación con proveedores, entre otros aspectos que incorporan en su definición estratégica. A su vez, los análisis basados en los datos procesados a través de las soluciones de gestión de SAP facilitan la evaluación de las metas alcanzadas y los obstáculos a sortear.

- **Flyback. (Regresos periódicos).** Cuando los consultores son asignados a proyectos fuera del lugar sede de la empresa de consultoría deben retornar periódicamente a sus lugares de origen previo acuerdo con el cliente. Si la empresa de consultoría se encuentra en México y el proyecto en Colombia se deben acordar con el cliente en Colombia la periodicidad de los regresos de los consultores (flyback) a sus lugares de origen. Estos costos son absorbidos por el cliente y normalmente son pagados directamente por ellos con la intención de obtener algunos beneficios adicionales en tarifas por el viajero frecuente, créditos, etc. que permitan reducir los costos de operación del proyecto. La periodicidad depende mucho de la duración del proyecto, ya que no es lo mismo un proyecto con duración de1 año a un proyecto con duración de 4 meses: en el primer caso se pueden planear los regresos con menos días de diferencia, en el segundo caso los flyback se planean tal vez más espaciados ya que la duración del mismo no permite disponer de muchos días para viajar.

- **Interlocutor comercial.** Un Interlocutor comercial es la persona o ente económico con el que se intercambian mercancías y servicios. Hay dos clases principales de interlocutores, los acreedores o proveedores, y los deudores o clientes. Las personas de contacto son aquéllas de una empresa interlocutora con las que está en contacto por teléfono, mail o personalmente para realizar operaciones comerciales. También son considerados interlocutores aquellas razones sociales usadas únicamente para efectos de facturación o de dirección de entrega, es decir, aunque no se tenga la relación comercial directa.

- **Issue (polémica).** Un punto o asunto cuestionado o respecto del cual existe una controversia, o que no se ha resuelto y se está analizando, o respecto del cual existen posiciones opuestas o desacuerdo. También conocido como problema o punto de atención. Podría considerarse un issue el momento en que nos damos cuenta de que el hardware no será entregado en tiempo, de que algún miembro del equipo renuncia o cuando se decide cambiar el alcance del proyecto ya sea por necesidad o por error.

- **Job Stopper.** Los Job Stopper son errores de sistemas que imposibilitan al usuario a continuar trabajando en el mismo, como por ejemplo, una caída del sistema, una caída en los enlaces de comunicación. También se aplica a cualquier actividad o incidente que ocasione que se detenga temporalmente la ejecución de un proyecto.

- **Kick Off Meeting.** Es el evento con el cual se marca el arranque oficial del proyecto. Esta sesión normalmente está presidida por el sponsor y se les presenta a los participantes del proyecto el alcance global, el plan de trabajo, los fundamentos, las premisas y los factores críticos de éxito, además de la estructura organizacional donde se indican claramente los responsables por módulo a implementar, tanto consultores como key users. Este evento es considerado como *entregable* en la mayoría de las metodologías de implementación.

- **Mejores Prácticas** *(Best Practices)*. Las Mejores Prácticas de negocios son aquéllas que nos permiten generar ventaja competitiva probada y capacidad de absorber cambios de la mejor manera para incrementar nuestras posibilidades de permanecer en los mercados de Clase Mundial. La Clase Mundial consiste en una serie de prácticas, criterios y resultados consistentes, inmersos en modelos bien dimensionados y desarrollados en base a planificación estratégica. Las mejores prácticas tienen diversos campos de aplicación, como son: planear recursos de manufactura, administrar la estrategia del negocio, identificar y segmentar mercados, reducir actividades que no generan valor al cliente, diseñar nuevos productos, distribuir, manufacturar, administrar la demanda y mejorar procesos, entre otros. Son aplicables según el tipo de negocio y dependen de nuestra gestión responsable. Cuando la cadena internacional de restaurantes de comida rápida Mc Donald's empezó a notar que en ciertos horarios y en ciertas tiendas tenía problemas para atender a sus clientes que pedían comida a través de los "Auto Mac", decidió adoptar las Mejores Prácticas desarrolladas por las compañías operadoras de casetas de peaje, ya que están acostumbradas a un aforo vehicular altísimo. La solución al problema del aforo vehicular en los "Auto-Mac" fue vendiendo unas calcomanías auto adheribles a los parabrisas de los coches, con un consumo pre pagado, y que al pasar por un sistema de lectura colocado a la entrada de los Auto Mac, descargaban automáticamente el costo del consumo, logrando así agilizar el movimiento de los autos, pues el tiempo de cobro se redujo a menos de la mitad.

- **Milestone**. Un evento importante del cronograma del proyecto, por ejemplo, un evento que impida que se lleve a cabo un trabajo en el futuro o que marca la conclusión de un producto entregable principal. Un hito del cronograma tiene duración cero. "Entrada en productivo", "Cierre de la Fase I", "Cierre de capacitación" son ejemplo de Milestones. También se le denomina *actividad / hito*.

- **MRP.** Planeación de Recursos Materiales. Fue pensado para mejorar la operación de las empresas de manufactura. Su lógica es muy simple y sus resultados sorprendentes. El MRP requiere de 3 insumos básicos: datos confiables del inventario (1 año atrás mínimo), especificaciones de ingeniería precisas y actuales (tiempos de reaprovisionamiento, tiempos de procesamiento de compras, tiempo de entrada del material al almacén), y un programa Maestro de Producción. Una correcta ejecución del MRP evitará paros en la producción por causa de desabastecimiento de materia prima y otros insumos.

- **Nearshoring**. El término fue acuñado por Softtek, empresa mexicana que ofrece servicios de TI y se refiere a una forma de subcontratación en la cual los procesos de negocios se ubican en un área geográfica cercana que por lo general es más barata.

- **Netwaever. SAP NetWeaver** es el fundamento de las suites de aplicaciones mySAP y SAP xApps, una serie empaquetada de módulos (composite) de aplicación para maximizar la confiabilidad y escalabilidad de procesos de negocios de misión crítica. Es la plataforma de integración de aplicaciones que está orientada a reducir el *Costo Total de Propiedad* (TCO) en las organizaciones, al facilitar la integración de procesos y personas a lo largo y ancho de las fronteras, permitiendo que el software de diferentes proveedores se comunique. Esto significa que estaría totalmente preparado para trabajar con él mediante la web, es decir, se puede trabajar con SAP mediante cualquier navegador de internet si se tienen los componentes apropiados de SAP NetWeaver (SAP Portals).

- **Objetivo.** *(Goal).* La palabra Objetivo del latín *ob-jactum* implica la idea de algo hacia lo cual se lanzan o dirigen nuestras acciones. Suele también conocerse con el nombre de meta, aunque por meta entendamos a un objetivo cuantificado. Por ejemplo, al implementar un ERP en una compañía el objetivo es reducir los costos e incrementar la productividad; la meta es reducir los costos un *18%* e incrementar la productividad *15%*. Un objetivo representa lo que se espera alcanzar en el futuro, ya que es aquello a lo que las acciones de todos se dirigen.

- **PMO. Oficina de Control de Proyectos.** Un cuerpo o entidad de la organización que tiene varias responsabilidades asignadas con relación a la dirección centralizada y coordinada de aquellos proyectos que se encuentran bajo su jurisdicción. Las responsabilidades de una PMO pueden variar, desde realizar funciones de soporte para la dirección de proyectos hasta realmente los responsables de la dirección de un proyecto.

- **PMP. (Project Management Professional).** Persona certificada por el Project Management Institute como apta para gerenciar proyectos.

- **Premisas**. *(Assumptions)* Las premisas son factores que, para los propósitos de la planificación, se consideran verdaderos, reales o ciertos, sin necesidad de contar con evidencia o demostración. Las premisas (assumptions) afectan todos los aspectos de la planificación del proyecto y son parte de la elaboración gradual del mismo. Los equipos de proyecto deben identificar, documentar y validar las premisas como parte de su proceso de planificación. Las premisas generalmente involucran un grado de riesgo. Un ejemplo de premisa sería: "La gestión de administración del cambio será responsabilidad del cliente", otro ejemplo: "Todos los procesos se alinearán al estándar del ERP".

- **Proceso.** El conjunto de medidas y actividades interrelacionadas realizadas para obtener un conjunto específico de productos, resultados y servicios. Un proceso debe responder a las 4 preguntas básicas:

  ➤ *¿Cómo se hace?* Para que exista un proceso debe haber una transformación, es decir, deben indicarse las tareas que transformarán la entrada de datos. Por ejemplo, la actividad "Pesar o tarar un vehículo" no hay transformación alguna del vehículo en la entrada y la salida, por lo que no debería considerarse proceso, sino una actividad.

  ➤ *¿Quién es responsable de hacerlo?* Todo proceso debe tener asignado un responsable, ya sea una persona, departamento u otro proceso. Por ejemplo, "Colocar un pedido de ventas para clientes en consignación", el responsable puede ser el área de ventas o bien, el área de almacén.

  ➤ *¿Qué datos entran y salen?* Todo proceso debe contener una entrada de datos, debe transformarlos y generar una salida transformada o mejorada, es decir, la salida no debe ser igual que la entrada, ya que de ser así no hubo transformación y por lo tanto, no es un proceso.

  ➤ *¿Cuál es el valor generado?* Todo proceso deber generar un valor a los datos de entrada y al proceso en general. En el caso del proceso "Generación de una orden de compra a proveedor extranjero" los datos de entrada son los productos a comprar, el proveedor, los precios; el proceso consiste en levantar la orden de compra como tal y el producto final es la misma orden de compra autorizada, revisada y confirmada por el proveedor. El valor generado aquí es el contrato tácito con el proveedor indicado en el pedido.

- **Productividad.** Se vincula al incremento o baja del rendimiento a partir de la variación de cualquiera de los factores que intervienen en un proceso de producción o en las etapas de la cadena de suministro. Su determinación surge de la ecuación entre los productos empleados (insumos, capital, mano de obra, etc.) y las ganancias obtenidas.

- **PYME.** Este es el acrónimo utilizado para referirse a las "pequeñas y medianas empresas". Aunque es un concepto sumamente establecido, los parámetros que permiten encuadrar o no a una compañía dentro de esta denominación varían según las regiones u organismos competentes. En términos generales, las PyME son empresas que cuentan con un número escaso o limitado de empleados y que disponen de ingresos medios o moderados.

  Aunque las PyME constituyen un factor clave en numerosas economías nacionales, también están expuestas a los riesgos producto de la inexperiencia o de la falta de liquidez para sortear sus obstáculos rápidamente. Por otro lado, su tamaño reducido posibilita que muten y evolucionen más ágilmente al no soportar sobre sus espaldas el peso de una estructura de grandes proporciones, reaccionando así con más velocidad a los nuevos escenarios que plantea el mercado e incluso estableciendo posiciones de vanguardia. No obstante, en numerosas ocasiones las pequeñas y medianas empresas no cuentan con un software de gestión o con soluciones de negocios que les proporcionen datos en los cuales confiar a la hora de la toma de decisiones, y esto las conduce al fracaso. Las PyME de avanzada comprenden el valor de contar con información clave referente a su relación con proveedores, el manejo de clientes y la administración de sus recursos. Las soluciones de negocios complejas que implementan las grandes empresas no se ajustan obligatoriamente a las necesidades de una mediana. Por ello se requieren sistemas de gestión para PyMEs fáciles de usar, rápidos de implementar, y que estén al alcance del presupuesto de las empresas medianas en crecimiento.

- **Quality Assurance. Aseguramiento de la Calidad.** Es el proceso de realizar las actividades planificadas y sistemáticas de calidad (como auditorías y revisiones por iguales) a fin de garantizar que el proyecto utiliza todos los procesos necesarios para satisfacer los requisitos. Normalmente se realizan 2 tipos de QA en los proyectos de implementación de ERP: los de Administración de Proyectos y los de Configuración. La primera revisa la metodología, entregables, planes de trabajo y la organización del proyecto en sí y debe ser realizada por un PMP o bien, por alguien con suficiente experiencia en control de proyectos. La segunda revisa los alcances del proyecto, la configuración del sistema, las soluciones propuestas, etc. La revisión debe realizarla un consultor senior certificado con varios años de experiencia con el conocimiento suficiente para evaluar si los procesos cubren los requerimientos del cliente.

-   **Reingeniería de procesos:** Es el análisis de los procesos de cualquier tipo de organización y el consecuente *rediseño* de los mismos, con el fin de implementar un cambio *radical* en la cultura y forma de trabajo de las empresas, incrementando la productividad y rentabilidad de las mismas. Reingeniería significa en otras palabras (starting over) comenzar de nuevo: Michael Hammer dice: *"The fundamental rethinking and radical redesign of business systems to achieve dramatic improvements in critical contemporary measures of performance, such as cost, quality, service and speed".*

-   **Ralentizar:** Hacer más lento un proceso o una actividad, lentificar. Es el término correcto para referirse a un sistema cuando se hace más lento. Incorrectamente se usa el término "alentar", cuando "alentar" proviene de "aliento" es decir, animar, dar aliento a la gente para seguir adelante. *"Nos estamos atrasando porque el sistema se alentó desde la mañana"*, es lo común escuchar. Lo correcto sería: "Nos estamos atrasando porque el sistema se *ralentizó* desde la mañana".

-   **Sistema.** Es una serie de elementos interconectados o interrelacionados entre sí para el logro de un objetivo común, puede tener o no metodología.

-   **Software de Gestión.** Se denomina así a los sistemas de administración o programas informáticos ideados para el manejo automatizado de las distintas áreas de una compañía o industria. Aunque esta clase de sistemas de gestión se engloba generalmente dentro de las aplicaciones de Planificación de Recursos Empresariales (ERP, por sus siglas en inglés), las soluciones de negocios se encuentran especializadas según el sector o etapa del flujo de trabajo con el fin de cubrir áreas específicas de Customer Relationship Management, Supplier Relationship Management, Product Lifecycle Management, o Supply Chain Management, entre otras. Un software de gestión debe facilitar la automatización de la información que una empresa manipula en relación a procesos que van desde el análisis de mercado, los pedidos, la fabricación y la distribución, hasta la gestión de impuestos, contabilidad, recursos humanos, la relación con proveedores y el manejo de clientes.

- **Stakeholder (Interesado)** Personas y organizaciones como clientes, patrocinadores (sponsor), organización ejecutante y el público, involucrados activamente en el proyecto, o cuyos intereses pueden verse afectados de manera positiva o negativa por la ejecución o conclusión del proyecto. También pueden influir sobre el proyecto y sus productos entregables.

- **Steering Committee.** El Steering Committee es un instrumento de toma de decisiones internas creado por los miembros que participan del proyecto. Posee diferentes funciones como: transmitir y validar las propuestas del Project Manager, examinar regularmente el desarrollo del proyecto, tomar decisiones (en la medida que sea permitido por la Comisión) sobre los plazos a cumplir, analizar los reportes técnicos y financieros antes de ser enviados a la Comisión, analizar los resultados obtenidos y tomar las medidas correspondientes en caso de incumplimiento de objetivos

- **Sponsor. (Patrocinador).** La persona o el grupo que ofrece recursos financieros, monetarios o en especie para el proyecto. Es la persona que respalda el éxito del proyecto ante el concejo o ante el CEO.

- **Sign Off.** Documento o evento que marca la terminación de una fase o de un proyecto. En él se detalla la fase o proyecto a terminar, fecha de inicio y terminación, los entregables resultados de dicha fase, la aceptación condicionada y los comentarios que se consideran pertinentes sobre la actividad realizada.

- **Team Building.** Es una actividad de integración que consiste en estimular a través de dinámicas de grupo, con ejercicios didácticos y prácticos, al equipo de proyecto para que optimicen su calidad de trabajo en equipo, y mejoren su integración en equipos ya establecidos elevando el coeficiente emocional de los participantes. Además, se aumenta la motivación del personal, quien recibe una capacitación distinta al sistema tradicional y se pueden formar equipos de trabajo compatibles. Aquí se incluye el diseño de las actividades, la coordinación de las jornadas, el material didáctico y el soporte logístico.

- **TCO. (Costo Total de Operación).** (Total Cost of Ownership). Es la suma de los gastos que desembolsamos durante la vida útil de un bien. Es importante identificar los gastos y cuantificarlos, los cuales pueden ser en resumen los siguientes:

   a) *Costo Inicial.-* Es el importe que pagamos al recibir el bien.
   b) *Vida útil.-* Es el tiempo durante el cual usamos el bien para los fines que la compramos.
   c) *Mantenimiento.-* Es la suma de los gastos que hacemos para tener el bien en óptimas condiciones de operación.
   d) *Garantía.-* Es el tiempo durante el cual el fabricante garantiza que parte o todos los componentes del bien serán reparados o cambiados.
   e) *Tipo de garantía.-* Si la garantía no es "en sitio" se incurre en el costo de llevar el bien al distribuidor. Es importante también el estar consciente de qué partes entran a la garantía, tiempo en que se repara o cambian las piezas del bien.
   f) *Garantía extendida.-* Es el costo de meter a garantía del fabricante los meses que no cubren la garantía original hasta la vida útil del equipo.
   g) *Inventario.-* Es el importe por tener un inventario real. Cuando estamos hablando de un sólo bien no tiene importancia, pero cuando hablamos de 100 y que además están dispersas geográficamente, tiene un costo significativo. Por ejemplo, el traslado de nuestro personal, viáticos y demás.
   h) *Disponibilidad.-* Es el costo por no tener el bien durante un determinado período de tiempo, como por ejemplo, el costo de estar en revisión o mantenimiento.
   i) *Escalabilidad.-* Es la capacidad de crecimiento que tiene el bien después de configurarse de acuerdo a las necesidades.

- **TCP/IP. (Transmission Control Protocol / Internal Protocol).** Son un código numérico único que identifica al equipo cuando está conectado a algún tipo de red. Es Las redes TCP/IP y los anfitriones conectados a ellas que comprenden la Red Internacional requieren números únicos, o direcciones, asignadas a ellos para prevenir duplicados. Cuando se lleva a cabo una red local TCP/IP sin intención de conectar a la Red Internacional, administradores de la red asignarían cualesquiera direcciones de red IP válido y anfitrión que desearan. Pero si una red está para ser conectada a la Red Internacional inmediatamente o en el futuro, una dirección de red IP única se debe asignar. Si la red local está afiliada con una organización con una dirección de red Clase A o B, es posible para la red local obtener una "subred", o rango reservado de números de la red desde esa dirección de red previamente asignada a la organización. Si esta opción no está disponible, es necesario solicitar una dirección de red IP única y posiblemente una asignación de nombre de dominio de alto nivel. Para hacer más fácil de usarlos, nombres de dominio se usan en la Red Internacional como un alias para direcciones de red IP. *Autoridad Red Internacional Asignadora de Números* [Internet Assigned Numbers Authority (IANA)] es responsable del manejo de éste sistema, y el Centro de Registro InterNIC (Network Solutions, Inc.) está designado como un Registro central de Red Internacional. Computadora o direcciones IP de "anfitrión" y nombres son asignados por un administrador de la red local. Estas direcciones usan un cuatro-octeto (números que fluctúan desde 0-255), dirección con puntos decimales de separación entre los octeto-números. Direcciones de red IP se emiten en tres clases, A, B, y C. Licencias Clase A usan sólo el primer octeto para la dirección de red, licencias Clase B los primeros dos octetos, y licencias Clase C usan los primeros tres octeto-números. Los siguientes son ejemplos de las diferentes clases de direcciones de red:

- dirección de red Clase A: 111.0.0.0
- dirección de red Clase B: 178.123.0.0
- dirección de red Clase C: 192.189.12.0

También, cada clase de la red puede usar sólo un rango específico de números reservado para esa clase para su primer octeto-número.

- Clase A - 0.0.0.0 a 127.255.255.255
- Clase B - 128.0.0.0 a 191.255.255.255
- Clase C - 192.0.0.0 a 223.255.255.255

Para conocer la IP que tiene asignada a su equipo en la red, vaya a "Start" o "Inicio", seleccione "Run" o "Ejecutar" y escriba CMOD. A continuación, se presenta un acceso directo al MSDOS, donde deberá escribir el comando "IPCONFIG". El resultado es la dirección IP asignada.

-   **USB. (Universal Serial Bus).** Es una interfaz plug & play entre la PC y ciertos dispositivos tales como teclados, mouse, scanner, impresoras, módems, placas de sonido, cámaras, etc. Una característica importante es que permite a los dispositivos trabajar a velocidades mayores, en promedio a unos 12 Mbps, esto es más o menos de 3 a 5 veces más rápido que un dispositivo de puerto paralelo y de 20 a 40 veces más rápido que un dispositivo de puerto serial.

-   **Valor ganado. Earned Value. (EV).** El valor de trabajo completado expresado en términos del presupuesto aprobado asignado ha dicho trabajo para una actividad del cronograma o un componente de la estructura de desglose del trabajo. También conocido como: Coste presupuestado del trabajo realizado.

-   **XI. SAP XI** (Exchange Infrastructure) es una tecnología de integración y plataforma para:

    ➢   aplicaciones propias de SAP y no SAP;
    ➢   para A2A y B2B scenarios;
    ➢   para comunicación síncrona y asíncrona,

El objetivo de SAP XI es proveer de un único punto de integración y comunicación para todos los sistemas, ya sean propias de SAP o no, y estén dentro o fuera del área de acción. Soporta perfectamente los intercambios de información tanto para aplicaciones B2B o A2A, e incluye un engine propio para diseñar y ejecutar Procesos de Integración (Business Process). Una particularidad interesante de SAP XI es la total transparencia en sus procesos de integración.

CAPÍTULO 4

Los 7 factores críticos de éxito en los proyectos

1.- El compromiso e involucramiento total en el proyecto por parte de los stakeholders.

Uno de los principales errores que se comete a menudo en los proyectos es cuando no se realiza un correcto análisis de los stakeholders, es decir, cuando no se identifican correctamente todos los actores que pueden influir en las decisiones que establezcan el rumbo del proyecto. Otro grave error en el cual a menudo se incurre es considerar la implementación de un ERP como *"otro proyecto del área de sistemas"*, como si la implementación de un ERP consistiera en la instalación de un nuevo software administrativo o en la actualización del sistema actual. Una vez que hayan sido identificados plenamente todos los stakeholders, -como el hermano-socio que no quiere involucrarse pero cuyas decisiones impactan a nivel Directivo, el Director resentido por no asignarlo como Director de Proyecto, como el Director-socio que considera inútil y costoso este tipo de implementaciones- es deber del gerente de proyecto (y del equipo de Gestión del Cambio, si lo hay) hacerles ver que es un *proyecto de transformación total de procesos*, es decir, que van a transformar la forma de trabajar en todas las áreas de la empresa y más allá, porque también deben involucrar a proveedores, clientes, socios, bancos, a la competencia y al gobierno mismo. Ya el proyecto en sí implica una transformación, pues los key user deben dejar sus puestos actuales e involucrarse completamente con el proyecto y esto a la mayoría les causa un *"vacío de poder"* porque sienten que están "abdicando" a favor de alguien que no se merece su puesto, y esto les hace creer que cuando se acabe el proyecto ya no van a poder regresar a su puesto anterior, y van a quedarse en el "limbo", o bien, que los van a despedir de la compañía, cuando que la realidad es otra. Una vez terminado el proyecto, los key user pasarán a otro nivel, tanto laboral como económico, pues ahora poseen un conocimiento de vital importancia para la compañía y también son los dueños de los nuevos procesos.

Pero ¿Cómo debe involucrarse un stakeholder en el proyecto?

1. Otorgando un "empowerment" total al key user para la definición de los nuevos procesos, y respetando dichas decisiones.
2. Participando en las reuniones ejecutivas o directivas a las que sea invitado.
3. Facilitando todos los recursos necesarios para establecer los nuevos procesos.
4. Estar abiertos a los cambios y convertirse en promotor de los mismos.
5. Ser un facilitador y no un obstaculizador del proyecto.

Imaginemos a un CEO o a un Presidente de Consejo a quien nunca se le haya invitado a las reuniones de avance, a quien nunca se le pidió que tomara una decisión, quien nunca vio un cartel alusivo al proyecto o a quien nunca se le informó cuándo empezó el proyecto o cuando terminó. Cuando este personaje solicite un cheque a su asistente, y esta le informe que debido al nuevo sistema no se pueden emitir cheques por el momento, él montará en cólera y exigirá sus cheques, así sean hechos a mano, momento que será aprovechado por los detractores del sistema para afirmar que el sistema *no sirve, que es muy complicado y que ahora hacen en 3 pasos lo que antes hacían en uno sólo.* Esto acabará con una orden del CEO hacia sus subalternos donde les indique regresar al sistema anterior *mientras se estabiliza el nuevo sistema,* estabilización que nunca llegará, gracias a la falta de involucramiento de los CEO, CFO, Directores y mandos medios de la compañía.

Ahora imaginemos a un CEO que ha estado involucrado en el proyecto, que tiene muy claro los beneficios y bondades del sistema, que entiende el concepto de "Mejores Prácticas" y que está convencido de que es la única forma de competir como una empresa de Clase Mundial, que comprende que al principio costará trabajo a la organización adaptarse a los nuevos procesos, pero que todo cambio requiere de un sacrificio y que está dispuesto a hacerlo. Cuando este personaje solicite un cheque a su asistente, y la asistente le informe que debido al nuevo sistema aún no se pueden generar cheques por el momento, él preguntará el motivo. Cuando la asistente le explique que la impresora aún no ha sido conectada, llamarán a Sistemas para que la conecte. Sistemas explicará que el problema no es la impresora, si no que los datos del cheque no están cayendo debidamente en el formato impreso, entonces llamarán al consultor funcional que desarrolló el formato y tendrá que corregirlo o modificarlo, y así sucesivamente, hasta que finalmente se puedan emitir los cheques sin problemas. Si los detractores del proyecto le proponen al CEO emitir los cheques manualmente, la posición de él será: *"No, quiero mis cheques emitidos por el ERP y los quiero ahora."* Esto hará que toda la maquinaria organizativa se mueva hacia abajo, y que los reportes, formatos e informes se emitan a través del ERP. Por una parte, el CEO exigirá todo a través del ERP, pero por otra parte, estará consciente de la inestabilidad del sistema en los primeros meses del arranque el vivo y preferirá esperar por sus estados de resultados, en vez de solicitarlos en el sistema anterior.

2.- Visión integral en la definición de los procesos futuros.

Si bien es cierto que los key users deben tener el "empowerment" para definir y aprobar los nuevos procesos de negocio para toda la compañía, también es cierto que dichos procesos deberían ser revisados y presentados a todas aquellas áreas de la organización que se verán afectadas por la nueva forma de trabajar. Aquí la responsabilidad del key user es altísima: debe investigar si se están desarrollando otros proyectos al mismo tiempo y analizar la naturaleza y alcance de los mismos, para decidir el grado de participación; debe asegurar que las demás áreas involucradas entienden que a partir de cierta fecha dejarán de trabajar como lo han venido haciendo hasta ahora, y que dependerán de la información o requerimiento generado en otro departamento.

Por ejemplo, en un proceso de Compras donde actualmente se generan 3 cotizaciones por cada orden de compra: las Mejores Prácticas indican que las cotizaciones deben minimizarse, y que es mejor buscar alianzas estratégicas comerciales a largo plazo con los proveedores, de tal forma que se "certifiquen" a los proveedores en calidad, precio y servicio. Antes eran simples compradores, ahora deben ser analistas de compras: deben aprender a negociar con proveedores, a obtener el mejor precio y las mejores condiciones de pago. También se debe buscar la forma de transferir los costos de logística al proveedor mismo. Al trabajar con proveedores certificados, los tiempos de procesamiento de Compra se ven reducidos, ya no se pierde tiempo cotizando, las órdenes de compra pueden crearse de forma automática y garantizamos el mejor precio del mercado por un periodo de tiempo. Para diseñar este nuevo proceso de compra, podría pensarse que sólo se requiere al área de Compras, sin embargo, al analizarlo observamos que también debemos involucrar a las áreas de Controlling, Producción, Ventas y a los proveedores mismos. Al departamento de Controlling, porque deberá validar el presupuesto en cada compra de forma automática; al departamento de Producción, porque con los nuevos tiempos de compra afectan a la planificación y deben participar en la certificación de los proveedores; a Ventas, cuando los insumos que se adquieren son para venderse; y al Proveedor, porque ahora deben adaptarse a las nuevas políticas y a la nueva forma de trabajar de la compañía: contratos a largo plazo, transferencias bancarias, avisos vía internet, etc.

Si los key user definen procesos sin tomar en cuenta a los demás proyectos y requerimientos de las demás áreas de la empresa, la implementación estará condenada al fracaso.

3.- El Alcance, las especificaciones y los procedimientos de control de cambios deben estar claramente definidos.

La gran mayoría de los proyectos se venden a precio fijo, con un alcance general y con tiempos estimados de consultoría. Una vez iniciado un proyecto, la mayoría de las metodologías de trabajo marcan una fase de revisión de ese alcance general. En esta fase, los consultores empiezan a trabajar con los key users y obviamente, empiezan a obtener más detalles sobre los requerimientos y objetivos del negocio que deben ser cubiertos con la implementación. Al término de esta fase, el alcance es revisado nuevamente en conjunto con el cliente. No está por demás aclarar, que este nuevo alcance es producto de un buen diseño de los procesos futuros, por lo que es obligación del gerente de Consultoría *detallar lo más posible, llevar hasta su mínima expresión* el nuevo alcance. Al llegar a este punto, se pueden presentar 3 situaciones:

1. El alcance original coincide con el alcance revisado.
2. El alcance original sobrepasa el alcance revisado.
3. El alcance original quedó corto contra el alcance revisado.

Si ocurre cualquiera de los 2 primeros puntos, el proyecto puede continuar con los correspondientes ajustes sin afectar negativamente los tiempos y presupuestos originales.

Si llegase a presentarse el punto 3 (el más común), el gerente de Consultoría debe realizar un análisis FIT-GAP (brechas) donde se indique claramente lo qué está incluido en el alcance original y lo qué no. Por ejemplo, suponiendo que en el alcance se indique <u>Área Financiera</u>: "El sistema debe realizar el cálculo de la depreciación de los Activos Fijos". Si una de las premisas del contrato es "Se alinearán los procesos al estándar del ERP", entonces la depreciación es lineal. Si al término de la fase de revisión del alcance el consultor se encuentra con un cálculo de depreciación más complejo, entonces esto se considera un "gap" (brecha, fuera de alcance), ya que el alcance original sólo cubre el estándar. En el análisis FIT-Gap se debe indicar cuánto tiempo adicional se requiere para configurar este punto, y así con cada una de las brechas encontradas. Como resultado del análisis, el cliente puede decidir aceptar los cambios y el costo implicado o bien, quedarse con su alcance original y dejar lo demás para una siguiente etapa de proyecto. Si acepta los cambios, entonces debe procederse a levantar un documento de Control de cambios donde se indique claramente los días adicionales de consultoría requeridos para llegar al nuevo alcance, las premisas para cumplirlo y se debe modificar el plan de trabajo con los días y con los recursos adicionales necesarios, así como el costo adicional.

Si todos los cambios de alcance presentados a lo largo del proyecto se documentan formalmente, aseguramos el rumbo correcto del proyecto. Si no identificamos ni documentamos estos cambios, tendremos desviaciones en el proyecto que indudablemente conducirán al fracaso del proyecto en tiempo y costo.

4.- Establecer alcance y objetivos reales y alcanzables.

Todo proyecto de implementación de ERP crea expectativas entre la gente, ya sean del equipo, o empleados, o directivos. Las expectativas van desde que van a correr a la mitad del personal que labora en la compañía con el nuevo sistema, hasta que todo va a ser automatizado, pasando por aquellos que piensan que nada va a cambiar.

Se debe trabajar muy de cerca con los stakeholders para saber cuáles son sus expectativas, -normalmente muy altas- y hacer énfasis en el alcance establecido en el proyecto. En cierta ocasión, cuando estaba tratando este punto con el Director de un corporativo familiar, al mencionar el tema de los reportes, yo le expliqué que el alcance del proyecto sólo incluía 15 reportes hechos a la medida, y que la premisa era usar los reportes estándar contenidos en el ERP. El Director no estaba de acuerdo y me comentó: *"Cuando acordamos 15 reportes nunca aclaramos de dónde se obtendrían, así que yo quiero que se desarrollen a través del Business Warehouse"*. Por supuesto, su expectativa estaba demasiado alta, pues implementar BW es todo un proyecto adicional, sin embargo, este es un ejemplo de cómo puede impactar al proyecto una falsa expectativa de un stakeholder.

Se deben dejar muy en claro cuáles expectativas se pueden cumplir y cuáles no, pero siempre debemos tener el plan de trabajo a la vista para que todos –sin excepción- estén conscientes de los tiempos tan ajustados que se tienen en toda implementación.

Asimismo, se debe trabajar con los vendedores y con la parte comercial de la consultoría para evitar compromisos inalcanzables, por lo que es conveniente dejar todo por escrito desde el principio. Hay un comentario muy común entre los vendedores de proyecto: *"Cuándo eres consultor, es imposible terminar un proyecto en 3 meses; cuando te pasas al lado comercial, de pronto te das cuenta que los proyectos sí se pueden terminar en menos de 3 meses"*. El gerente de consultoría debe revisar con el gerente comercial el alcance de lo vendido para evitar que se comprometan tiempos inalcanzables con objetivos inalcanzables.

5.- Selección acertada del equipo de proyecto.

El punto está muy relacionado al tema de involucramiento de los key users con el proyecto, ya que si los stakeholders no están interesados ni motivados y no comprenden la naturaleza del proyecto, tienden a asignar a personal de bajo perfil, de poca experiencia, recién egresados e inclusive en algunos casos, personal candidato a salir de la empresa para que no estorbe en la operación diaria. Los directivos y mandos medios que faciliten a sus key users para que se integren 100% al proyecto, deben seleccionar a los más capacitados, con perfil de líder, que muestre interés en aprender temas nuevos. Normalmente, son personas que por su capacidad son considerados "la mano derecha" de los ejecutivos, por lo que están más renuentes a prescindir de ellos. Por lo que es labor del equipo de preventa, del gerente de proyecto y del vendedor, es explicar al cliente que debe asignar a los mejores recursos al equipo de trabajo, pues las definiciones que resulten de estos trabajos marcarán la nueva forma de trabajar en la organización.

En cierta ocasión, estuve asignado a un proyecto de una petrolera en Sudamérica y tuve que trabajar con una key user que mostraba mucha inseguridad durante las tomas de decisiones. Cuando yo intentaba acercarme a su jefa inmediata superior, me resultaba imposible, ya que normalmente se encontraba en reuniones internas o fuera del país, reportando a la casa matriz localizada en Europa. Todo el proyecto tuve que realizarlo con la key user, cuando que su jefa inmediata (stakeholder) no participó en reuniones de avance ni en otras reuniones que eran determinantes para definir los nuevos procesos. Durante el arranque en Productivo, su jefa estaba de viaje. Un día después que yo salí del proyecto regresó su jefa, y al ver que la nueva forma de trabajar no se apegaba en lo absoluto a las políticas de la compañía, se molestó tanto que terminó en despido de la key user. Por cierto, me hicieron regresar a rehacer todos los escenarios de negocio, a pesar de que todos habían sido debidamente revisados, aprobados y firmados por ella.

En otra ocasión, en una distribuidora de maquinaria industrial, tuve que trabajar con key users que no tomaban decisiones y que sólo esperaban ver una réplica de su sistema actual dentro del ERP. Al no tomar decisiones oportunas, la fase de Diseño se extendió a casi un año, cuando que estaba planeada para 3 meses. Todo lo que se decidía en reuniones de trabajo, debían ser revisados por sus jefes directos, por lo que nunca mostraron un sentido de pertenencia por sus procesos, y responsabilizaban al equipo de consultoría por la definición de los mismos. Y como sólo deseaban replicar su sistema actual, no estaban abiertos a trabajar con las Mejores Prácticas integradas al nuevo sistema, lo que dificultaba en gran medida el cumplimiento de los objetivos.

La parte de consultoría no se excluye de este punto. Existe un web site donde ya se puede reportar y publicar el desempeño de los consultores en proyectos, así como evaluaciones en línea que pueden aplicarse como parte del proceso de contratación, así como aplicarlos como requisito para solicitar el incremento de sueldo o nivel salarial. El website es www.burodeconsultores.com.

6.- Comunicación efectiva entre los equipos de trabajo.

Es responsabilidad del gerente de consultoría tener una comunicación efectiva con su equipo de trabajo, con el cliente y con la empresa de consultoría, entendiendo por "efectiva" que realmente se establezca la comunicación y que se entienda perfectamente lo informado o acordado entre ambas partes, y para lograr esto, tanto el consultor como el gerente deberán seguir las siguientes recomendaciones:

a) No usar términos técnicos en comunicados dirigidos a personas que no sean los key users o consultores.

b) Informar al equipo de trabajo tanto noticias buenas como malas.

c) Informar con anticipación al cliente sobre las ausencias de los consultores a lo largo del proyecto debido a vacaciones, días festivos, capacitación, incapacidades o fly backs.

d) Mantener siempre visibles el plan de trabajo, el alcance detallado y la lista de entregables con sus respectivas fechas compromiso.

e) Documentar los acuerdos en minutas y ponerlas siempre a disposición en el repositorio de documentación del proyecto. También puede usar el correo interno para avisos informales.

f) Tener reuniones periódicas con el equipo de proyecto –consultores y key users- sobre los acuerdos tomados.

g) Mantener actualizado el documento de Control de Riesgos e informar a la empresa de consultoría y al cliente sobre las actualizaciones.

h) Informar periódicamente a la empresa de consultoría sobre el estatus del proyecto e informar inmediatamente sobre cualquier desviación al alcance.

i) Mantener informado al resto de la organización a través de carteles alusivos o boletines internos donde se informe sobre el avance del proyecto.

j) Realizar al menos una vez al mes la reunión ejecutiva y directiva del estatus del proyecto.

La falta de comunicación efectiva entre los miembros del equipo y hacia el resto de la organización es una de las principales causas de fracaso en los proyectos, por ello es importante poner atención en ella. Sun Tzu dice: *"… como la voz no se puede oír en batalla, se usan tambores y campanas. Como las tropas no pueden ver con claridad en combate, se usan las banderas y los estandartes,…estos se utilizan para captar la atención de las tropas. Cuando las tropas están unidas, el valiente no podrá actuar solo, ni el cobarde retroceder. Este es el arte de emplear las tropas…"* (*El Arte de la Guerra*, Cap. 10-17,18). Parafraseando a Sun Tzu, mantenga sus "banderas" siempre ondeando: el plan de trabajo actualizado siempre a la vista pegado en la pared, así como el alcance y la lista de entregables; deje que su "voz" se escuche a través de sus correos electrónicos y de sus minutas. Verá como marcando el paso, todos avanzarán al mismo tiempo.

7.- La Metodología de implementación debe ser clara y aprobada.

Este factor está muy relacionado al punto anterior sobre la comunicación efectiva y a uno de los principios de la consultoría, *"Todo consultor debe trabajar con una metodología clara y actualizada"*. Todos los ERP de clase mundial tienen desarrolladas sus propias metodologías de implementación, y de no ser así, la empresa de consultoría a cargo debe adaptarse a alguna de las metodologías aplicadas a control de proyectos existentes con resultados comprobados. Una vez seleccionada la metodología, debe difundirse ampliamente entre los miembros del equipo y entre los stakeholders, para que sepan en todo momento dónde están parados y hacia dónde van, de tal forma que en ningún momento puedan decir que se está trabajando desordenadamente. Al inicio de cada fase que se indique en la metodología, se debe realizar una reunión con los miembros del equipo donde se les explique claramente a) los objetivos de la fase, b) los productos entregables al final y c) fechas de inicio y terminación, así como los responsables directos

No se debe permitir en ningún momento que el cliente proponga su propia metodología, y mucho menos si no la han trabajado ni probado. Tampoco deben permitir que el tamaño de la compañía o del proyecto influyan en la selección de la metodología, pues a menudo se comete el error de prescindir de una metodología como tal debido a que el cliente considera que sus procesos "no son muy complejos", llevando el proyecto al desorden y fracaso total. Sea firme en su posición de trabajar únicamente con las herramientas que ya conoce.

CAPÍTULO 5

Técnicas de presentación

Recuerdo una ocasión en que me correspondía rendir mi primer informe de avance en el proyecto "NeoIntra" a Don Valentín Ruíz, CEO de Grupo Intra -un poderoso e importante consorcio empresarial en Veracruz, México-, quien sólo disponía de escasos 15 minutos para estar en la reunión, sobre lo cual fui advertido con antelación y lo cual –a su vez- le agregaba más presión a la ya de por sí estresante reunión.

Cuando entró Don Valentín a la sala de Concejo y tomó asiento, su primer comentario fue: "*Primero, revisemos la agenda*". Me quedé estupefacto, pues obviamente no había incluido agenda en mi presentación. Sin embargo, aproveché un instante en que se distrajo revisando unos documentos para rápidamente improvisar una agenda e incluirla en mi presentación, pero ya era demasiado tarde. "*Veo que no hay agenda*"-apuntó, *"te agradeceré que en la próxima reunión la incluyas*". Esta historia me enseñó 2 cosas: la primera, incluir una agenda o contenido en toda presentación y la segunda, los Directores y los miembros del Concejo detestan la improvisación.

Esto me hizo recapacitar en que los consultores no conocemos las técnicas de presentación efectivas, cuando que nuestro trabajo nos demanda realizar presentaciones a todo tipo de auditorio, desde empleados con educación básica, hasta directivos, Ministros y Secretarios de gobierno, pasando por gerentes y mandos medios. Es por esto que decidí incluir un capítulo dedicado a este tema, basado en mis propias recomendaciones y de Gene Zelazny, autor del libro "*How to design and deliver Successful Business Presentations*".

I).- Las 5 obligaciones de un presentador

1. **Debe ser cortés y atento**. Inicie toda presentación agradeciendo a su auditorio el tiempo e interés dedicados a la reunión. Posteriormente, explique por qué ha convocado a la audiencia. Explique qué pretende obtener a cambio del tiempo que la audiencia le dedicará. Evite hacer bromas innecesarias, no hable de política, ni de religión y por favor, ¡¡¡por ningún motivo hable en doble sentido!!!

2. **Debe estar abierto al diálogo.** Permita que expresen sus ideas, conceda la palabra en **cuanto** la soliciten, recuerde en qué parte de la presentación está, escuche la pregunta, anote el contenido rápidamente y agregue:

   • "…grave cuestión la que planteas, la resolveré en los próximos 10 minutos.." o
   • "… interesantísimo lo que propones, desarrollaré esta tema en la siguiente parte de la presentación…" o
   • "…bien, mi primera reacción a lo que dices es…"

   Proporcione tiempo para reflexionar, (mantenga el ritmo, no haga pausas), Muestre un rostro amable, accesible, *(una sonrisa, las manos atrás, un poco inclinado hacia delante, la cabeza ligeramente inclinada al micrófono)*
   Si usted acostumbra a poner fotos llamativas como papel tapiz o como protectores de pantalla en su equipo (personas en bikini, comics, artistas, etc.), le aconsejo que los cambie por algo más sobrio, al menos, durante la presentación, así como silenciar su celular o cambiarlo al modo vibratorio.

3. **Debe ser puntual.** Debe estar listo a la hora en punto, al menos 30 minutos antes de iniciar la presentación. Revise el audio, vídeo, las pantallas y pizarrones, la temperatura ambiente y la disposición de las mesas, así como la comodidad y número de sillas. Explique al auditorio la agenda de la reunión y cúmplalo. ¡Siempre termine a la hora en punto, sin excusas! La gran mayoría de los participantes en reuniones preguntan dónde *"¿Dónde me siento?"* al ingresar a la sala, y normalmente respondemos *"Donde guste"*, lo cual no es correcto. Usted está obligado a asignar los lugares, de esta forma usted tiene más control sobre sus oyentes. ¿En cuántas ocasiones no ha estado frente a un grupo

y requiere revisar algo discretamente con alguien de su equipo y resulta que se encuentra hasta el otro extremo de la mesa y tiene que hacerle señas a lo lejos, o bien, interrumpir la sesión brevemente para hablar con él? Evítelo, asignando usted los lugares.

4. **Debe tener un propósito.** El presentador debe anunciar el propósito de la reunión, debe proponer el resultado esperado en los primeros 2 minutos de inicio de la presentación, muestre el esquema que seguirá, en forma gráfica preferentemente. Por ejemplo, puede decir: *"Buenas tardes, gracias por su asistencia a esta reunión y gracias por dedicar su valioso tiempo a temas del proyecto... El objetivo de esta reunión es presentarles una propuesta —no es definitiva- del proceso de Gastos de Viaje, el cual fue diseñado conjuntamente con Rodrigo y con Juan Esteban, y obtener una retroalimentación por parte de ustedes... primero voy a dedicar 10 minutos a exponer el proceso, posteriormente expondré las mejoras y los recursos adicionales para implementar dichas mejoras..."*

5. **Debe permitir leer lo que escribe y lo que grafica.**

   a) El tamaño de la letra nunca debe ser menor de 28 puntos.
   b) No escriba más de 30 palabras importantes por diapositiva, es preferible hacer varias láminas con poca información cada una, que una sola con mucha información.
   c) Utilice el color solamente para mejorar la visibilidad o para resaltar.
   d) No utilice adornos (la atención debe captarla el expositor no la imagen)
   e) Es muy recomendable y hasta elegante incluir el logo de la empresa del cliente (¡asegúrese que sea el logo vigente!)
   f) Si va a usar el logo de la consultora, nunca deberá ser más grande ni más visible que el logo del cliente.
   g) Evite escribir textos en mayúscula, sólo si son siglas o el nombre de algún producto. Quien escribe sólo en mayúsculas da la imagen de no dominar la ortografía y que por lo tanto, trata de disfrazarlo con mayúsculas.
   h) No se limite a leer el contenido de las láminas. Lea las láminas agregando sus propios comentarios, de otra forma, dará la impresión de no conocer el contenido de la presentación.

i) Si presenta gráficos, procure incluir un título que resuma lo que está presentando.

II).- Los 3 pasos para diseñar una presentación

1) **Investigue a su auditorio.** Descubra algo relevante. Utilice herramientas psicológicas tipo DISC, explicado más adelante.

  + ¿Son extrovertidos racionales? Anticipe las acciones a tomar al principio, rápido, al grano, con firmeza.
  + ¿Son reflexivos racionales? Secuencia lógica intachable, la propuesta debe ser algo comprobado empíricamente y en empresas de prestigio.
  + ¿Son reflexivos emocionales? Concéntrese en el fortalecimiento institucional, explique cómo minimiza el impacto en las personas involucradas.
  + ¿Son extrovertidos emocionales? Musicalmente, con colores vivos, movimientos ágiles, gestos expansivos, palabras luminosas que muestren la visibilidad que generará la propuesta.

Cuadro 11. Matriz de comunicación.

Cuando se comunique con una persona dependiente, conservadora, perfeccionista, cuidadosa y conformista: ✤ Prepare su "conversación" por adelantado. ✤ Vaya directamente al asunto. ✤ Sea preciso y realista. Factores que crearán tensión o insatisfacción: ✤ Ser desconcertante, dejar cosas al azar, ser informal, hablar en voz alta. ✤ Presionar demasiado o ser poco realista con los plazos. ✤ Ser desorganizado o confuso.	Cuando se comunique con una persona ambiciosa, enérgica, decidida, independiente y orientada hacia las metas: ✤ Sea claro, específico, breve y concreto. ✤ Vaya directamente al asunto. ✤ Esté preparado con material de apoyo en un "paquete" bien organizado. Factores que crearán tensión o insatisfacción: ✤ Hablar de cosas poco relevantes. ✤ Ser evasivo y poco claro. ✤ Parecer desorganizado.
Cuando se comunique con una persona paciente, predecible, desconfiada, firme, relajada y modesta: ✤ Empiece con un comentario personal que rompa el hielo. ✤ Presente su idea suavemente, sin tono amenazador. ✤ Pregunte "¿Cómo?", averigüe sus opiniones. Factores que crearán tensión o insatisfacción: ✤ Ser impetuoso y precipitada, yendo en seguida al asunto. ✤ Ser dominante y exigente. ✤ Forzarlo a responder rápidamente.	Cuando se comunique con una persona carismática, entusiasta, amistosa, expresiva y política: ✤ Establezca un ambiente cálido y amistoso. ✤ No entre en demasiados detalles (póngalos por escrito) ✤ Haga preguntas que le permitan conocer sus opiniones o comentarios. Factores que crearán tensión o insatisfacción: ✤ Evitar ser distante, frío o callado. ✤ Controlar la conversación. ✤ Pasar por alto hechos, alternativas, abstracciones.

La primera fuente de información son sus colegas consultores. El director de la oficina suele saber más. La segunda fuente de información son los asistentes de los participantes.

Comentarios sobre el Método DISC:

El método DISC se origina en las investigaciones del profesor William Marston, quien entre los años 1928 y 1931, estudió con profundidad el comportamiento humano normal.

Su obra fue continuada y enriquecida por el aporte de numerosos investigadores que contribuyeron a validar y dar mayor confiabilidad y consistencia a los métodos que estudian la conducta humana según un modelo de cuatro dimensiones.

El Sistema DISC es un método de conocimiento y clasificación de las características de la conducta social y laboral de las personas y de su relación con los roles que desempeñan o que pueden llegar a desempeñar.

Las conductas se describen en base a la combinación de cuatro factores que dan su nombre al sistema:

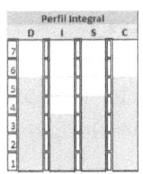

Figura 07. Indices DISC.

D, I, S y C	Conducta orientada a la acción (¿QUÉ?), a la rápida
D = Dominante	solución de problemas, a la toma de decisiones y a la asunción de riesgos
I = Influyente	Conducta orientada a las personas (¿QUIEN?), a la interacción, a las relaciones interpersonales, con propensión a usar tácticas de persuasión
S = Estable	Conducta orientada a los métodos (¿CÓMO? ¿CUÁNDO?), a mantener el equilibrio, la armonía y el "status quo" en un ambiente seguro
C = Cauteloso	Conducta orientada a la explicación (¿POR QUÉ?), a la investigación de datos e información, a la calidad del desempeño propio y ajeno
Aplicaciones	Este método encuentra su aplicación fundamental en el ámbito empresario a través de instrumentos computarizados que permiten su aplicación rápida y efectiva a un costo razonable.

2).-Responda las cuatro preguntas básicas:

a).- ¿Porqué haré esta presentación?

🔸 **Para conseguir un objetivo relevante.** Muéstrelo en una sola oración, por ejemplo: *"Aprobación de los diseños futuros de los procesos financieros"*.

🔸 **Inducir a la audiencia a la acción.** Asigne responsables en las decisiones y fije fechas compromiso de acción.

b).- ¿A quiénes debo convencer?

🔸 **Identifique a los tomadores de decisión.** Identifique a los stakeholders de la organización informal.

🔸 **Establezca qué tan familiarizados están con la información** Hable inglés si es necesario; prepare los "hands out" necesarios. No hable con ellos como si no supieran nada. Si usted identifica a un stakeholder relevante en la toma de decisiones que no se ha involucrado en el proyecto, trate de no evidenciarlo, por el contrario, involúcrelo y recurra a frases como: *"Como usted ya sabe…"* y vuelva a exponer el tema completamente.

🔸 **Determine cuánto les afecta su propuesta** Si ellos no lo saben, menciónelo desde la primera diapositiva. Puede usted mencionar a quiénes involucra: Directores, proveedores, clientes, etc.

c).- ¿Cuánto tiempo tengo para presentar?

La presentación de una propuesta de consultoría tiene los siguientes elementos:

🔸 El problema detectado y las soluciones que recomendamos.

🔸 El modo de implementar las soluciones, costos y todo lo relacionado. Este tema deberá ser abordado sólo si se tiene tiempo y si el auditorio desea revisarlo, de otra forma déjelo para una segunda sesión.

🔸 Cierre de la "venta".

A continuación, un cuadro resumen con los tiempos estimados por tipo de presentación:

Tipo de presentación	Duración promedio
Kick Off	40 min
Metodología de trabajo	2 horas
Informe semanal de avance	30 min
Informe mensual Directivo	20 min
Aprobación de procesos futuros	2 horas
Funcionalidad de un módulo o unidad operativa	3 horas
Resultados de auditoría	30 min
Plan Cutover	1 hora
Sign Off	30 min

Cuadro 12. Duración por presentación.

d).- ¿ Cuál medio audiovisual debo emplear?

+ Entrega de hands out de su presentación, una copia en CD ROM, cañón o proyector potente, pantalla no reflejante, 180 grados de visibilidad.

+ Incorpore imágenes, audio, vídeos y links a otras presentaciones o páginas web.

+ Use el rotafolio cuando quiera escribir algo que deba ser recordado durante toda la presentación, y que pueda recurrir a ello en todo momento, por ejemplo: el significado de algunas siglas, datos iniciales de un problema, acuerdos tomados en una primera parte, etc.

A continuación, un cuadro resumen con los medios audiovisuales necesarios por tipo de presentación:

Tipo de Presentación	Proyector	Apuntador láser	Pizarrón blanco	Hand out	Rotafolios
Kick Off	✓	✓			
Metodología de trabajo	✓				✓
Informe semanal de avance	✓			✓	
Informe mensual Directivo	✓	✓		✓	
Aprobación de procesos futuros	✓	✓	✓		✓
Funcionalidad de un módulo o unidad operativa	✓	✓	✓		✓
Resultados de auditoría	✓			✓	
Plan Cutover	✓		✓	✓	
Sign Off	✓				

Cuadro 13. Medios por presentación

3) Alinear el punto de partida. El Principio Piramidal de Minto.

Presentamos un breve resumen extraído del libro "*The Minto Pyramid Principle*", de Barbara Minto (Minto International):

a) Lógica en la escritura

¿Porqué una estructura piramidal?

Cuando recibimos información, de forma inmediata nuestra mente empieza a ordenarla y agruparla para poder comprenderla, este proceso de agrupamiento de ideas es básico para entender.

Si consideramos que por lo general el ser humano puede pensar simultáneamente en un número limitado de ideas (en promedio siete), facilitaremos el proceso de entendimiento de nuestros lectores en la medida en que comuniquemos nuestras ideas de forma ordenada y hagamos explícito el orden que se busca para agruparlas.

La pirámide de Minto se basa en los planteamientos anteriores y tiene la siguiente mecánica: se presentan las ideas principales o más abstractas antes de presentar las ideas que las soportan. La presentación de ideas conforma una pirámide con grupos de ideas relacionadas por una idea que las sintetiza. Dentro de esa estructura piramidal, las ideas se relacionarán de forma vertical -en cualquier punto de la estructura siempre existe un sumario de las ideas agrupadas abajo- y horizontal -las ideas agrupadas presentan siempre un orden lógico-.

Así, la mejor manera de comunicar las ideas es siguiendo las "**Tres Reglas de la Pirámide**":

- .Las ideas de cada nivel sintetizan las ideas del nivel inferior.
- .Las ideas de cada grupo deben ser lógicamente las mismas.
- .Las ideas dentro de cada grupo deben de ser agrupadas de forma lógica.

Las subestructuras dentro de la pirámide

La clave para tener una escritura clara es insertar las ideas en la pirámide y probarla contra las reglas antes de iniciar la escritura, sin embargo, no siempre tenemos definidas y delimitadas las ideas que queremos comunicar, para lo cual la estructura de la pirámide nos puede ayudar.

Dentro de la pirámide, las cajas contienen las ideas. Cada idea es un argumento que debe generar una pregunta en la mente del lector, la cual deberá de ser contestada en forma de diálogo por las ideas de soporte (relación vertical), por su parte, las ideas de soporte deben de contestar la pregunta en la mente del lector a través de un proceso que puede ser deductivo (premisa 1, premisa 2, premisa n,... conclusión) o inductivo (idea relacionada 1, idea relacionada 2, idea relacionada n,... inferencia). La respuesta de las preguntas debe ser deductiva o inductiva pero no ambas (relación horizontal).

El tercer elemento de la pirámide que puede ayudar a estructurar las ideas a comunicar es la introducción, en la que se cuenta una historia que le recuerda al lector la pregunta fundamental que el documento quiere contestar. La historia puede ser una situación con la que el lector se sienta familiarizado con una complicación que también le sea familiar al lector. Esta complicación debe disparar la pregunta a la cual debe de contestar el documento (caja superior de la pirámide).

Cómo construir una pirámide
Se puede construir una pirámide de arriba hacia abajo o viceversa.

Pirámide de arriba hacia abajo
Para construir una pirámide de arriba abajo se deben de seguir los siguientes pasos:

1. Identificar el objetivo.
2. Decidir la pregunta.
3. Definir la respuesta a la pregunta.
4. Identificar una situación relacionada con la pregunta.
5. Desarrollar la complicación de la situación.
6. Revisar que la situación y la complicación provocan la pregunta que se definió.
7. Definir la contestación de la pregunta de forma deductiva o inductiva.
8. Repetir el proceso de pregunta y respuesta a este nivel.
9. Este proceso obliga a quien escribe a plasmar únicamente la información relevante al lector con la ventaja de que es muy fácil de comprender.

Pirámide de abajo a arriba
En este caso se tiene una serie de ideas dispersas que se quieren ordenar y estructurar:

1. Listar todas las ideas que se quieren comunicar.
2. Establecer las relaciones que existen entre ellas.
3. Una vez agrupadas, obtener las conclusiones principales.
4. Con las conclusiones definidas, escribir la introducción.

Sugerencias:

- Intentar primero construir la pirámide de arriba hacia abajo.
- Utilizar la situación como el punto de partida para pensar a través de la introducción.
- Siempre utilizar cronología durante la introducción
- Limitar la introducción a aspectos con los que puede coincidir el lector.

Puntos finos en introducciones

Las introducciones deben ser escritas con el objetivo de recordarle al lector de qué se trata lo que está leyendo.

Como se mencionó anteriormente, la introducción debe de contener una situación y una complicación, las cuales deben de generar una pregunta que eventualmente será respondida. La longitud de la introducción depende de las demandas del tema. Así, el formato de la introducción podría expresarse como: Situación, Complicación, Pregunta.

Finalmente, la idea es válida también para las diversas partes del escrito, en las que puede ser conveniente escribir mini introducciones al inicio de cada idea principal de soporte.

Diferencia entre deducción e inducción

El argumento deductivo presenta una serie de razonamientos donde el segundo razonamiento comenta al primero y el tercero las implicaciones de los dos primeros. El sumario de un argumento deductivo considera el último razonamiento y agrega un "por lo tanto" a los dos primeros puntos. En el caso de la argumentación inductiva, se junta un grupo de conclusiones, se consideran las similaridades entre ellas y se llega a una conclusión. Para la línea clave (ideas de soporte principales) es preferible presentar el razonamiento inductivo ya que estas deben de contestar a la pregunta principal del documento.

b) Segunda parte: Lógica en el pensamiento

Cuando se define la línea clave (ideas de soporte principales), en ocasiones se comenten dos errores: se presenta una lista de puntos que no tienen relación entre ellos o se hacen aseveraciones vacías que no revelan el contenido de lo que se va a exponer.

La tendencia a listar las ideas principales parece universal, y es una buena técnica para tener una aproximación de lo que se piensa, sin embargo, lo mejor es no detenerse ahí sino asegurarse que las ideas que se exponen tienen una lógica intrínseca que pueda ser expresada de forma lógica y que exista un orden en las ideas. El reto es que las ideas que se presentan realmente sinteticen el contenido de lo que se quiere comunicar, empezando por las ideas clave y una vez que se tienen las principales categorías buscar un orden lógico que las relacione.

La lógica en el pensamiento es, a grandes rasgos, ordenar las ideas y luego sintetizarlas.

Definiendo orden lógico

En cualquier grupo de ideas, el orden lógico refleja cómo se agruparon, además de que nos ayuda a asegurar que no se dejarán de lado ideas importantes.

Existe una relación entre la fuente de la agrupación de ideas y el orden en el que se pueden poner:

¿Cómo se agruparon las cosas?	¿Qué orden se debe seguir?
Determinando las causas y los efectos	Orden cronológico
Dividiendo el todo en sus partes	Orden estructural
Clasificando las cosas	Orden de importancia

Cuadro 14. Agrupación de ideas.

Así, en general, las ideas se pueden ordenar de forma cronológica (presentando eventos, procesos, causas y efectos), de forma estructural (en función de una estructura definida, por ejemplo: puestos, catálogos, tipos de funciones, grupos de funcionamiento, etc.), o por orden de importancia (en función de criterios de relevancia). Si no existe ninguno de estos órdenes en los grupos de ideas, quiere decir que, o no están relacionados lógicamente o que las ideas están incompletas.

Para probar el orden en una lista de ideas se puede sintetizar cada punto en una frase que defina la esencia de la idea, agrupar aquellas que se parecen y ordenarlas de acuerdo a los criterios definidos anteriormente.

Sintetizando ideas agrupadas

Como se ha mencionado, las ideas de cada nivel deben de ser un sumario de las ideas del nivel inferior. Cuando sintetizamos o "sumarizamos" las ideas del nivel inferior estamos completando el ejercicio de pensamiento: Creamos una pregunta en la mente de la persona con la que queremos comunicarnos y luego la contestamos. El objetivo es que las ideas principales realmente presenten la esencia de lo que se quiere comunicar.

Existen reglas que se deben de seguir para lograr una adecuada agrupación de ideas:

+ Se deben evitar aserciones vacías, es decir, hacer aseveraciones que no sintetizan la esencia de las ideas agrupadas después sino que simplemente describen el tipo de ideas que serán discutidas. La agrupación y sintetización de las ideas subsecuentes estimulan a pensar al lector, mientras que hacer aseveraciones que no se relacionan con las ideas posteriores son aburridas y pueden perder al lector.
+ No se pueden sintetizar las ideas a menos que sean MECE (*Mutuamente Excluyentes* de otras y *Colectivamente Exhaustivas* de las ideas que se quieren exponer).

En caso de que se tenga un grupo de ideas que impliquen acciones, se debe de identificar la esencia de cada acción (qué se va a hacer), definir un orden cronológico (qué secuencia se debe de seguir). Finalmente, se debe hacer explícito el efecto directo que tendrán.

Las ideas que describen situaciones deben de agruparse por similaridades en las que discutan el mismo tipo de tema, estructura de las frases, de verbo (hacer, tener, desarrollar, etc.). Finalmente, se debe definir que implican las similaridades.

c) Tercera parte: Lógica en solución de problemas

Utilizar una introducción en la que se describe una situación-complicación- pregunta para luego contestarla con ideas ordenadas y agrupadas puede ayudar a estructurar el pensamiento, sin embargo, en muchas ocasiones se deben desarrollar documentos o presentaciones cuyo objetivo es solucionar un problema y cuyo desarrollo implica varias semanas de trabajo en equipos numerosos, con materiales y datos muy extensos y complejos donde se tiene que procesar una gran cantidad de ideas antes de poder determinar el mensaje que se quiere comunicar.

Los documentos orientados a la solución de problemas normalmente quieren responder a una de las siguientes preguntas:

+ ¿Qué debemos hacer? (si la situación no es conocida).
+ ¿Debemos hacerlo? (si se conoce una alternativa de solución).
+ ¿Cómo debemos hacerlo? ¿Cómo le vas a hacer? (si la solución es conocida y aceptada).

En todo documento la introducción define la naturaleza del problema que generó la pregunta, después de la cual, la pirámide presenta una serie de "pasos" o "razones" (en algunas razones los argumentos deductivos) que se obtuvieron al analizar el problema para encontrar la solución. El pensamiento requerido para identificar esos pasos o razones inicia antes de que se tengan las ideas a comunicar. Idealmente se debe de seguir un proceso secuencial:

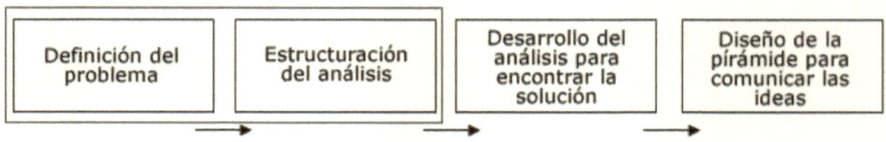

Figura 11. Análisis del problema

El secreto para poder comunicar adecuadamente este tipo de estudios es definir adecuadamente el problema y estructurar el análisis para que se facilite su traducción a la pirámide.

Sin embargo, esos pasos pueden ser una tarea compleja por las grandes cantidades de información que se manejan, la tentación de enfocarse en detalles sin importancia y el gran número de soluciones que se pueden encontrar. En los siguientes dos apartados se presentan marcos conceptuales que ayudan a minimizar la confusión y a trabajar de forma más eficiente.

Definición del problema
Cuando se ha decidido que se tiene un problema, generalmente se debe a que existe la percepción de una brecha entre los resultados actuales y los resultados deseados.

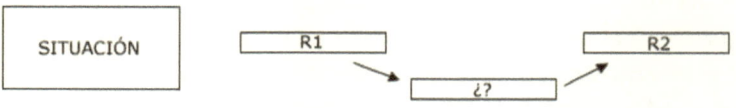

Figura 12. Definición del problema

Para definir el problema primero se debe conocer la situación original o el área dentro de la cual ocurrió el problema, después, identificar un evento (o eventos) que afectaron la estabilidad del área. Una vez que se definió lo anterior, se pueden definir los resultados obtenidos (R1), los resultados deseados (R2) y las soluciones que se han propuesto (si existen) para obtener los resultados deseados, lo cual disparará una pregunta: ¿qué se debe hacer para solucionar el problema?.

Una vez que se han definido los puntos anteriores, se ha identificado el problema, el cual se puede convertir en una introducción al documento final y el cual debe de cerrar con la complicación que se quiere solucionar.

Estructurando el análisis del problema

Para lograr generar conclusiones y acciones a seguir de forma más eficiente es necesario estructurar los esfuerzos iniciales de forma que los resultados sean coherentes lógicamente, esto no es lo común, normalmente, las personas integran toda la información disponible y posponen cualquier conclusión hasta que tienen todos los datos y cifras en un solo lugar. Esa actividad se puede hacer, pero implica trabajo extra que no genera valor.

En la medida en que se tenga una intención y un marco de referencia para dirigir el análisis y centrar el pensamiento se facilitará el proceso de solución y presentación de los procesos. A continuación se presentan algunas herramientas de diagnóstico que pueden ayudar a estructurar la solución del problema.

Como se mencionó anteriormente, existen tres formas en las que se pueden ordenar las ideas: por causa y efecto, división y clasificación, a partir de estas se desarrollaron marcos de pensamiento que pueden ayudar a encontrar las causas de los problemas:

- **Mostrar las unidades que interactúan en el sistema**: Desarrollar un diagrama de cómo debería de funcionar el sistema y cómo funciona en realidad, de esa forma se pueden determinar las preguntas que se necesitan contestar o se pueden identificar las causas de los problemas.
- **Búsqueda de causas y efectos**: Identificar las actividades, elementos o tareas que generan un resultado particular. Se puede lograr mostrando niveles de elementos financieros, tareas o actividades.
- **Clasificación de las posibles causas**: Pensar una serie de posibles actividades que pudieran estar relacionadas con el problema y contestar si están o no afectando para lograr el desempeño deseado.

Una vez que se hizo un diagrama de la estructura del problema, se debe de recolectar la información que esté relacionada con los elementos descritos y definir hipótesis de las causas probables del problema.

Finalmente, se proponen los árboles lógicos para generar alternativas de solución y hacer explícitas las relaciones inherentes en las listas de ideas. Los árboles lógicos se desarrollan de la siguiente manera:

1. A cada causa probable se le relaciona una lista de posibles soluciones.
2. Las posibles soluciones a su vez se descomponen en elementos más simples, los cuales presentan soluciones más puntuales.
3. Se repiten los puntos 1 y 2 hasta que se han agotado las posibles soluciones.

Cuarta parte: Lógica en presentaciones

Una vez que se trabajó con la pirámide para escribir documentos, se puede utilizar la herramienta para asegurar que cuando se hagan presentaciones, se asegure que el mensaje llegue al receptor. El formato de las presentaciones dependerá de su longitud y el número de personas que lo recibirán.

Longitud del mensaje	Auditorio	Recomendación
Corto	Pequeño	Prosa de un memorando y enviarlo directamente al auditorio para que lo lean directamente.
Corto	Numeroso	Viñetas
Largo	Numeroso	Diapositivas

Cuadro 15. Formato de presentaciones.

Independientemente del formato, se debe de asegurar que se presenten las ideas de forma que se refuerce visualmente la lógica de la pirámide y sus relaciones. El ojo del lector siempre identifica la lógica del mensaje antes de que la mente lo comprenda, por lo tanto, se debe de utilizar la forma visual para reforzar lo que la mente recibe.

Reflejando la pirámide en una página:

Se pueden utilizar dos elementos para comunicar la lógica del mensaje: por medio de jerarquías y por transiciones entre las ideas del documento.

La primera idea tiene que ver con el formato que se utilizará para comunicar las ideas. Para mostrarle al ojo del lector una lógica visual se deben resaltar las jerarquías de ideas, esto se puede hacer por medio de encabezados, aventaciones, subrayados y numeración: la idea principal debe ir en los encabezados, para separar las ideas secundarias hay que dentarlas en función de su importancia. Los subrayados sirven para resaltar aspectos importantes y la numeración mostrar los elementos de una idea.

Una vez que se escribió la introducción y que se definió el formato, se debe de escribir una pequeña introducción antes de presentar cada idea principal. En documentos más largos se debe de hacer pausas periódicas para que el lector sepa en donde está y hacia adonde se le quiere llevar. Para relacionar las ideas se pueden utilizar la técnica de una historia corta, o de una referencia hacia una idea ya vista. Incluso, si se trata de capítulos muy grandes, se pueden hacer sumarios de las ideas a lo largo del desarrollo.

Reflejando la pirámide en pantalla:

Las presentaciones son para públicos que se pueden distraer o perder el interés, por eso, el objetivo de las presentaciones debe ser "entretener" a la audiencia, para lograrlo, se deben de cumplir un mínimo de elementos:

+ Las láminas de texto deben de contener únicamente las ideas más significantes, apropiadamente agrupadas y sintetizadas, escritas de la forma más breve posible.
+ Se deben de soportar con gráficos claros: gráficas, tablas o diagramas.
+ Reflejando un guión bien pensado y escrito.

Se utilizan dos tipos de diapositivas en una presentación: de texto y gráficos, con un balance ideal de 10% texto y 90% gráficos, siguiendo las siguientes reglas:

+ Para presentar la estructura de la presentación se deben utilizar diapositivas de texto.
+ Para enfatizar grupos importantes de pensamientos, tales como conclusiones, recomendaciones o siguientes pasos se utilizan diapositivas de texto.
+ Para demostrar relaciones que no pueden ser fácilmente mostradas por medio de texto o palabras, se utilizan los gráficos.

El diseño de las láminas de texto debe ser tan corto y directo como sea posible, con la idea principal en el encabezado o la parte más visible.

Las diapositivas de gráficos deben de contestar cinco tipos de preguntas:

- ¿Cuáles son los elementos?
- ¿Cómo se comparan (con el total, con respecto a los otros elementos, en el tiempo)?
- ¿Qué o cómo ha cambiado?
- ¿Cómo están distribuidos los elementos?
- ¿Cómo se correlacionan los elementos?

Para contestar esas preguntas, se presenta la respuesta en el encabezado de la lámina y se escoge la lámina más apropiada para mostrar el punto:

- **Elementos**: Organigrama o gráfica de procesos.
- **Comparaciones**: Participación contra el total (circular-pay), con respecto a los demás (barras horizontales), con respecto a un periodo de tiempo definido (barras verticales)
- **Cambios**: Tendencia contra el tiempo, barras verticales con periodos similares.
- **Distribución**: Línea relacionando dos elementos, barras con dos elementos.
- **Correlaciones**: Barras verticales con dos ejes, tendencias.

Finalmente, es recomendable elaborar un guión empezando por la pirámide, y definiendo las principales ideas que se quieren comunicar en qué orden se presentarán y qué conclusiones se quieren comunicar.

CAPÍTULO 6

Técnicas de enseñanza

Unos de los comentarios más comunes que tienen los clientes al finalizar los proyectos son acerca del pobre desempeño e interés mostrado por los consultores durante la capacitación a usuarios clave, o en su defecto, a los usuarios finales. El cliente se queja de que nunca hay organización en las salas, no hay lógica en la secuencia de la presentación, no preparan los ejercicios correspondientes y que se presentan grandes lagunas durante los eventos debido a fallas en los accesos a los sistemas, y a otros detalles técnicos presentados a lo largo del curso, en otras palabras, la improvisación total. No he conocido a ningún consultor que se haya mostrado preocupado por preparar un buen curso. Me atrevo a asegurar que la gran mayoría de los consultores sólo nos limitamos a decir: "*Yo no soy profesor, soy consultor y mi trabajo es configurar, no enseñar*", hacemos una improvisada presentación en Microsoft Power Point® y le incluimos algunas figuras un poco llamativas, pero nada más. No nos preocupamos por estandarizar al menos dicha presentación con las de los demás compañeros consultores. Algunos presentan láminas llenas de colores con tonos "pastel" y otros presentan láminas en color gris. Algunos otros, ni siquiera tienen la preocupación de revisar el material antes y presentan con logos de otras empresas. Tampoco nos preocupamos por el material de capacitación: "*Eso es responsabilidad del usuario clave*", nos encogemos de hombros y responsabilizamos a cualquier otro por las fallas en la capacitación. Lo que interesa es cumplir con el requisito.

Lamento informarles que el rostro que los clientes ven durante toda la capacitación es el nuestro. Eso debe bastar para tomar las riendas de la misma y asegurarnos el éxito del curso.

En mis inicios, trabajé como instructor de informática en una franquicia internacional –ExecuTrain– dedicada exclusivamente a la capacitación personalizada a ejecutivos de grandes corporativos acostumbrados a recibir atención de primer nivel. En esta compañía aprendí la importancia de una buena capacitación y entendí el significado de "Nivel de satisfacción del cliente": a los instructores se nos evaluaba y se nos premiaba con base a los resultados de la evaluación final del cliente, la cual se presentaba al término del curso. Debíamos cuidar hasta el más mínimo detalle del curso para conseguir una muy buena calificación, y en estas situaciones, sólo los resultados son válidos. Aquí el "esfuerzo" y "tiempo" dedicados no contaban, ya que los resultados, la satisfacción total del cliente era lo que valía.

Esta experiencia me permitió abrir los ojos y fijarme mucho más en los detalles, ya que si no logro verlos yo mismo, es seguro que el cliente los va a detectar. Por ello me he permitido incluir un capítulo dedicado a las técnicas de capacitación actuales y a los aspectos relevantes que considero se deben tomar en cuenta para garantizar una buena transferencia de conocimiento y hacer de lo que podría parecer una actividad tediosa y fastidiosa, en una experiencia divertida y enriquecedora para todos.

Procedimientos de Capacitación:

Una semana antes de iniciar el curso:

1. Los manuales de capacitación deben estar listos. No es necesario imprimirlos, pueden entregarse en CD's o bien, instalarse en el servidor de la red para su acceso público.

2. Los cursos se imparten normalmente en las instalaciones del cliente, por lo que se deberá contactar a la persona responsable de apartar las salas para revisar si se cuenta con los equipos suficientes. De otra forma, deberá coordinarse con el área de sistemas para que instalen los equipos o en su defecto, se renten.

3. Pregunte al área de Capacitación de la empresa si entregan certificados de participación a los empleados. Si la respuesta es afirmativa, informe que requiere de ellos al finalizar su curso. Si no tienen o no quieren entregar certificados (muchas veces son documentos oficiales regulados por alguna dependencia de Gobierno), haga uso del formato usado por su empresa o bien, puede diseñarlo usted mismo, cuidando que contenga la siguiente información básica:

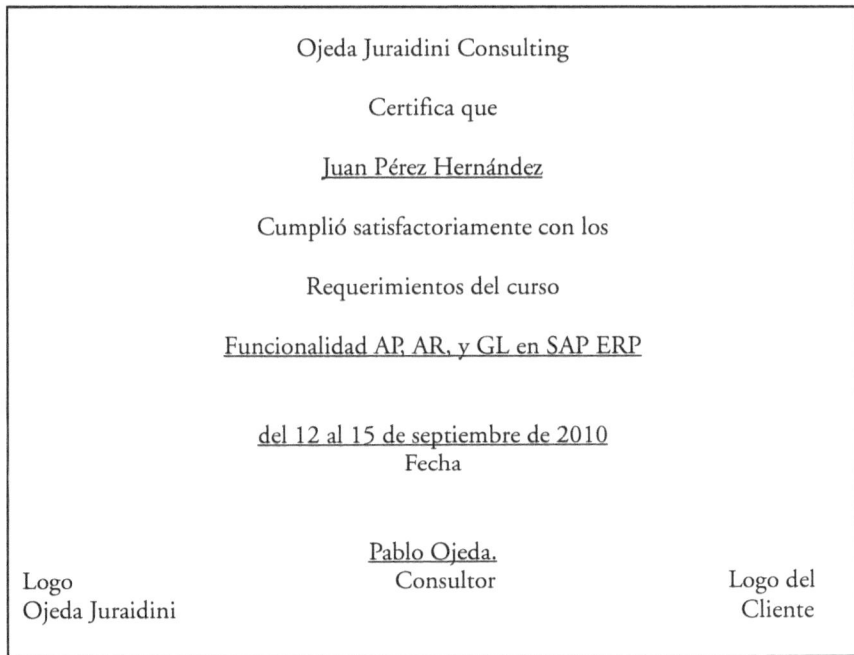

Ojeda Juraidini Consulting

Certifica que

Juan Pérez Hernández

Cumplió satisfactoriamente con los

Requerimientos del curso

Funcionalidad AP, AR, y GL en SAP ERP

del 12 al 15 de septiembre de 2010
Fecha

Pablo Ojeda.
Logo   Consultor   Logo del
Ojeda Juraidini   Cliente

Cuadro 18. Ejemplo de un certificado.

Los certificados pueden imprimirse a colores en hojas de opalina o cualquier otro material que permita impresiones claras y firmes.

Al igual que el certificado, se debe preguntar por la Evaluación del Curso. Si el cliente no tiene una evaluación, también podemos diseñarlo con la siguiente información básica:

EVALUACION DEL CURSO

Nombre del curso:_____Fecha:_____

Consultor: _____Área:_____

Nombre del participante (opcional):_____

Por favor, encierre en un círculo el número que mejor represente su opinión en las preguntas 1 a la 6, y complete las oraciones con su propia opinión en las preguntas 7 a la 13. Cuando haya completado esta evaluación, por favor entréguela al consultor al salir.

	Pobre				Excelent
1. Calificación en general de esta capacitación:	1	2	3	4	5
2. Conocimientos del tema por parte del instructor:	1	2	3	4	5
3. Presentación del curso por parte del instructor:	1	2	3	4	5
4. Manual del Curso:	1	2	3	4	5
5. Ambiente en el salón de clases:	1	2	3	4	5
6. Impresión general de CA como empresa:	1	2	3	4	5

7. ¿Recomendaría este curso a otras personas de su empresa? _____
_____

8. Lo mejor de este curso fue: _____
_____

9. Si yo pudiera cambiar algo de este curso, me gustaría: _____
_____

10. ¿Qué otros cursos o qué otros tipos de cursos le gustaría que tuviéramos disponibles en Ojeda Juraidini? _____
_____

11. ¿Tiene compañeros de trabajo que pudieran beneficiarse con este curso? Si es así, por favor anote sus datos a continuación:

Por favor, utilice este espacio para anotar cualquier comentario adicional que quiera hacernos: _____
_____

Cuadro 16. Evaluación del curso.

La evaluación también deberá tener el logotipo de la empresa a la cual pertenezcan. Si son freelance, la recomendación es que tengan un logo personal y una leyenda que los identifique.

La noche antes del curso:

1. El salón deberá prepararse la noche anterior al curso. Esto quiere decir, cerciorarse de que está desocupado, que está limpio y de que contamos con la persona o en su defecto, con la llave para abrir al día siguiente la sala sin problemas.

2. El consultor deberá verificar cuántas personas están registradas para el curso y debe poner un manual –si decidieron imprimirlo- junto a cada computadora. Cada participante deberá tener su propio manual del curso.

3. Deberá colocar un personalizador al lado de cada máquina, de esta forma el consultor podrá poner su nombre para que lo pueda ver el consultor en todo momento.

4. El instructor deberá tener preparada la presentación del curso y los accesos necesarios a los sistemas que estén incluidos en la capacitación, además de la hoja de asistencia de clase. La hoja debe tener en la parte superior: fecha, nombre del curso y nombre del instructor.

5. El instructor deberá verificar todas las computadoras, para asegurarse de que todos los equipos trabajen correctamente. Esto incluye encender todas las computadoras y ejecutar las aplicaciones a revisar en el curso, y los accesos remotos a los sistemas.

El día del curso

1. El consultor deberá presentarse al lugar del curso, por lo menos 30 minutos antes de que empiece el curso.

2. El consultor debe ejecutar el ERP del curso, previamente instalado en el equipo, para que se encuentre listo antes de empezar el curso.

3. El proyector deberá encenderse y la página con el título del curso deberá ser proyectado en la pantalla. Esto le permite al participante tener la seguridad de que entró al curso correcto.

4. El consultor debe escribir su nombre y el del curso en el pizarrón. Además de proyectarlo, el nombre del curso deberá permanecer escrito en la pared por al menos 1 par de horas el primer día. ¡Y por favor! ¡Escriban su nombre!! Cuántas veces hemos impartido cursos y no saben nuestros nombres, y cuando alguien les pregunta a nuestros participantes quién les dio el curso, estos se limitan a responder: "No sé cómo se llama, pero es un gordito, chaparrito que escupe mucho al hablar…"Evitemos esta clase de comentarios poniendo nuestro nombre en algún lugar visible durante todo el curso (personalizador).

5. Cada participante debe ser recibido por el consultor o por algún representante del proyecto, ya sea el gerente por parte nuestra o por parte del cliente.

<u>Al comienzo del curso.</u>

1. Al inicio del curso, el consultor deberá contar el número de participantes que hay, por si alguien falta. Si todos se encuentran presentes, el consultor deberá acompañar a los participantes dentro de la sala. *El instructor deberá hacer el mejor esfuerzo para empezar el curso a tiempo.*

2. Una vez que el participante está instalado en el curso, el consultor deberá presentarse, dar a conocer el nombre del curso, la duración del mismo y mencionar algunos datos de la empresa que representa o del ERP que esté impartiendo. ¿Ya conoce a los participantes porque son sus usuarios clave? No importa, vuelva a presentarse formalmente, recuerde que ahora tiene el rol de "Instructor". ¿Usted considera irrelevante presentarse ante un auditorio que ya lo conoce? Pues no lo es: por el contrario, es una forma de resaltar la relevancia del evento y de indicar a su auditorio que por su parte está dispuesto a tomar con seriedad este evento, y que espera lo mismo de ellos. Demuestre que usted tiene el control, no los participantes.

3. El consultor deberá entonces pasar la lista de asistencia y deberá pedir a los participantes que escriban su nombre, el nombre de la compañía o área de trabajo, y el número telefónico o extensión. También podrá pedirles que escriban su nombre en las tarjetas (personalizadores). El consultor deberá permitirles unos minutos a los participantes para que lean cuidadosamente la evaluación, *así sabrán los puntos en los que deberán fijarse a través del curso* (¡muy importante!). Les será pedido que llenen las evaluaciones al finalizar el curso.

4. Los participantes deberán presentarse a sí mismos. Esto se puede hacer de diferentes formas, he aquí una de ellas:

Nombre y apellido.
Nombre de la compañía o del área de trabajo.
Su experiencia con el ERP en cuestión.
Su experiencia con Microsoft Office.
Qué espera del curso.

1. El consultor deberá informar a los participantes la hora en que se podrán ir a comer y por cuánto tiempo. También deberá decir cuántos descansos habrá en la mañana, y cuántos en la tarde. Nota:

El consultor podrá tomar ya sean 2 ó 3 descansos de 10 a 15 minutos cada uno. El número y el tiempo de los descansos dependen de la hora en la que empiece el curso y de la hora de la comida. Por ejemplo, si la mañana es más larga que la tarde, el instructor podrá tomar 2 descansos en la mañana y uno en la tarde.

2. Los objetivos del curso deberán discutirse a detalle ya que cada participante necesita saber que esperar y cuáles son las metas del curso.

En los descansos:

1. En el primer descanso el instructor deberá decir a los participantes donde se encuentra el café, el teléfono, las bebidas y los servicios en general. Es conveniente incluir desde el inicio del proyecto un presupuesto destinado a refrigerios durante la capacitación. En todos los demás descansos el instructor también deberá decir a los participantes el tiempo que durará cada uno. El instructor deberá empezar el curso de nuevo a la hora en que se había anunciado.

A la hora de la comida:

2. El consultor deberá informar a los participantes cuanto tiempo tendrán para comer. En algunos casos, 1 hora será más que suficiente, pero en algunos otros una hora y media será necesario, dependiendo de la ubicación donde se está dando la capacitación y del tráfico. El consultor deberá sugerir siempre varios lugares para comer, para facilitarles a los participantes encontrar algo fácilmente. Lo aconsejable en estos casos es acompañar a comer a los participantes para fomentar la integración y comunicación, aunque no siempre es posible.

3. Antes de dejar el salón del curso para ir a comer, el consultor deberá apagar el proyector. La computadora podrá apagarse si el salón se está calentando debido a las fuentes de poder. De otra forma, es mejor que los equipos se queden prendidos. Los monitores –en caso de usar PC's- también podrán apagarse.

Al final del curso:

1. Al término del curso, el consultor deberá recordarles a los participantes que pueden quedarse con el manual, o bien, en caso de que haya sido electrónico, se les debe indicar la ruta dentro

de la intranet en donde estarán disponibles los manuales en todo momento.

2. El consultor deberá informarles a los participantes sobre el soporte telefónico y deberá escribir el número de la empresa donde trabaje, o –en caso de los freelance-, algún número de celular o personal donde sean fácilmente ubicables. Los números telefónicos y la cuenta de correo electrónico deberán escribirse claramente en el pizarrón.

3. El consultor deberá pedirles a los participantes que llenen la evaluación del curso. El consultor podrá también pasar una tarjeta de presentación en este momento, si cuenta con ellas. Conforme vayan entregando su evaluación, (las cuales deberán colocarse boca abajo sobre el escritorio) les deberá entregar su certificado de participación.

4. El consultor deberá terminar el curso formalmente, *a g r a d e c i e n d o* a los participantes por el esfuerzo en presentarse al curso, por haber hecho un espacio en sus ajustadas agendas de trabajo.

5. El consultor deberá dejar limpio el salón. Toda la basura deberá tirarse en un bote de basura, así como papeles que hayan dejado. El pizarrón o pizarra deberá quedar completamente limpio.

6. Guarde las evaluaciones. Fotocopie las evaluaciones y las listas de asistencias para entregarlas al área de entrenamiento del cliente o al gerente de Gestión del Cambio. Las evaluaciones y listas de asistencia originales deberán integrarse a la carpeta de Entregables correspondiente.

Evaluación del curso.

Las evaluaciones son muy importantes para monitorear el progreso de cada consultor así como para evaluar el curso.

A continuación se muestran los scores para medir la calidad del servicio que se les ofrece a nuestros clientes.

Meta	4.60
Excelente	4.75
Mínimo	4.45

¿Cómo calculamos el score? Bien, como todos sabemos, la primera impresión es la que cuenta: en una entrevista de trabajo, en el primer día de clases, en la primera cita, etc. En capacitación tampoco es la excepción, por lo que forma parte de la impresión general del curso. Por tal motivo, la pregunta más importante de toda la evaluación es la pregunta 1: *Calificación en general de esta capacitación*, ya que las mejores prácticas indican que si se cuidaron todos los detalles, desde el inicio hasta el final de la capacitación, la impresión general es positiva.

Ejemplo de cómo se calcula el score:

Número total de participantes: 10

Supongamos que 3 participantes calificaron con **5** la pregunta 1, 6 la calificaron con **4** y 1 persona calificó con **3**.
Por lo tanto,

A Calificación	B No. Participantes	(A x B) Valor
5	3	15
4	6	24
3	1	3
2	0	0
1	0	0
	10	**42**

Ahora dividimos la suma de valores entre el número de participantes:

Score = Suma de Valores / Total de participantes = 42 / 10 = 4.2

Esta calificación está por debajo de lo esperado

Preparándonos para empezar:

Cómo utilizar el manual. El instructor deberá cubrir brevemente esta parte. Aquí se muestran notas especiales a los participantes de los símbolos que verán a través del manual. Por ejemplo, un asterisco (*) representa el material que el instructor no tiene que cubrir a detalle durante el curso pero que se usa como material de referencia una vez que el participante regrese a su oficina y puedan utilizar el material de referencia.

Tabla de contenido. El instructor no tiene que cubrir esto. Es una lista de los temas y sub-temas que resumen el material del curso y que se usa como una guía para el participante.

Objetivos del curso. El instructor deberá leer los objetivos del curso al inicio del mismo. Los objetivos del curso muestran las metas principales que se lograrán al final del curso.

Introducción al curso. El instructor cubrirá esta parte. Un producto terminado que contiene algunas de las características que el participante cubrirá durante el curso. La introducción es similar (no idéntica) al material que cubren.

Objetivos de la Sección. El instructor deberá cubrir esta parte. Los objetivos de las secciones muestran las metas específicas de cada sección del manual. El manual contiene un resumen para revisión al final de cada sección.

Temas. El instructor deberá cubrir todos los temas. Los temas son presentados en orden secuencial y lógico para que así los participantes aprendan las habilidades básicas y puedan extenderse a áreas más complejas.

Sección de resumen. El instructor cubrirá esta parte. El manual contiene un resumen para revisarse al final de cada sección. Si el manual no lo contiene, usted deberá hacer el resumen y escribir lo que considere más importante en el pizarrón, antes de realizar los ejercicios.

Sesiones de práctica. El instructor introducirá a los participantes a estas sesiones. Cada sección terminará con una sesión de práctica para ayudar a los participantes a desarrollar y practicar sus habilidades que aprendieron en casa sección. Cada sesión de práctica incluye soluciones hechas paso-por-paso y un archivo de soluciones almacenado. Recuerde que la sesión de práctica es para reforzar el conocimiento, no es para evidenciar a los participantes ni para calificarlos ni para presionarlos. Se recomienda resolver o revisar las respuestas en conjunto con todo el grupo para que todos tengan las mismas respuestas.

Notas sobre Objetivos y Resúmenes:

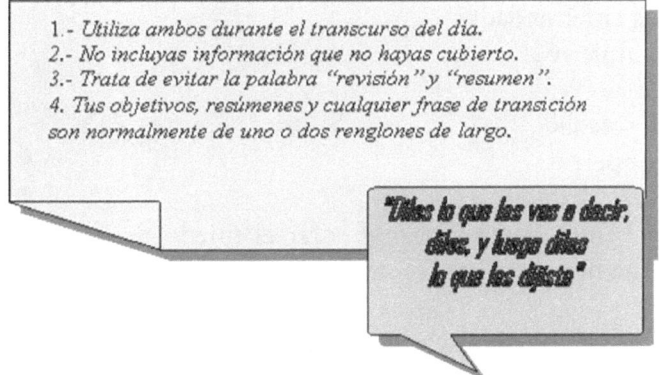

Figura 13. Objetivos

Consejos para las sesiones de práctica:

1.- En promedio, existen 3 sesiones de práctica por persona por un día de curso.
2.- Deberán ser sencillas, están ahí para hacerlos sentir bien.
3.- Resume antes de comenzar la sesión de práctica.
4.- Introduce y explica las sesiones de práctica (señala cualquier tip).
5.- ¡Déjalos trabajar sobre eso!
6.- Cuando sea necesario, menciona las claves y respuestas al final de la sesión de práctica o escribe los pasos en el pizarrón.
7.- Asegúrate de dar una retroalimentación positiva durante la sesión de práctica.
8.- Enciende las luces para que puedan ver su trabajo y apaga los dispositivos de ayuda visual.

El instructor.

Los miedos humanos más comunes.
(*David Wallenhinsky et al: The Books of Lists*)
(*New York: Wm. Morrow & Co. Inc, 1997*)

1) Hablar en público.
2) A las alturas
3) A los insectos

4) Pérdida de estabilidad económica
5) Aguas profundas
6) A las enfermedades
7) A la muerte
8) A volar
9) A la soledad
10) A los perros.

¿Qué debemos hacer para enfrentar el miedo de hablar en público? Sigue las siguientes sencillas recomendaciones:

- Estudia el contenido
- Ensaya y práctica a solas o frente al espejo.
- Rompe el hielo con tus participantes.
- Relájate.
- Duerme bien la noche anterior.
- Haz ejercicios de respiración.
- Lleva tus notas.
- Infórmate sobre tu auditorio.
- Mente abierta y positiva.
- Nunca digas: *"Es mi primer curso"* ¡aunque sí lo sea!

Preguntas

Hay 5 tipos de preguntas que pueden ser utilizadas eficazmente en los cursos:

1) **Preguntas generales**. Van dirigidas a todo el auditorio. Hace pensar a todos y se busca llamar la atención.
2) **Directas**. Van dirigidas a una persona específica. Se usan para captar la atención de una persona distraída.
3) **Combinadas.** Primero se hace la pregunta general, y si nadie la contesta la diriges hacia alguien que suponemos sabe la respuesta. Se usa para dejar claro un concepto.
4) **Rebotada.** Cuando alguien nos pregunta y se la "rebotamos" a un tercero. Se usa cuando el curso lleva más de 4 horas y la gente está cansada y distraída. Para despertar al auditorio, puedes usar una pelota de tela y aventarla suavemente a la persona que le rebotes la pregunta, y te la deberá regresar a ti nuevamente.

5) **Retórica.** Se hace la pregunta y uno mismo se responde, no esperamos respuesta.

Recuerda que no hay preguntas tontas, no preguntes por dudas 5 minutos antes del descanso y cuando preguntes si hay dudas no te voltees a escribir en el pizarrón.

¿Porqué usar Apoyos Visuales?

1.- Para atraer y mantener la *atención!*
El promedio de las personas hablan de 110 a 160 palabras por minuto, pero piensan a razón de 400 a 500 palabras por minuto. Los dispositivos visuales ayudan a unir ese espacio.

2.- subrayar o aclarar las ideas principales.
Las estadísticas dicen que las personas obtienen el **80%** de lo que ellos aprenden visualmente, **11%** a través del oído, y un total de **9%** a través del olfato, tacto y gusto.

3.- Para ilustrar las palabras habladas.
Esto significa que un dibujo o una imagen dice más que 1000 palabras. Un dibujo es 3 veces más efectivo que las palabras por sí mismas, y las palabras y dibujos juntos son 6 veces más efectivos que las palabras solas.

4.- Para minimizar los malentendidos.
Las imágenes pueden dar sentido a las palabras que no se entienden claramente. ¿Has intentado dar una dirección a alguien sin utilizar un mapa o escribir las instrucciones? La necesidad de utilizar algo visual surge inmediatamente.

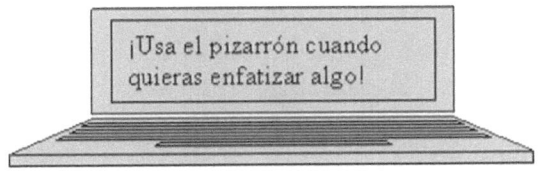

Figura 16. Usa el pizarrón

Consejos para ser un buen instructor.

1.- Llegue temprano y esté preparado para quedarse tarde.
2.- Asegúrese de dar una retroalimentación positiva. Mantenga el contacto visual con los participantes y siempre exprésese positivamente.
3.- Mantenga el curso simple y claro. Recuerde todo participante adopta una mentalidad de 8 años cuando participa como estudiante.
4.- Sincronice su lenguaje corporal. ¡Cuide la postura y el balanceo, no realice demasiados gestos!!

El participante.

Existen 3 clases de participantes en todo curso: el Bueno, el Malo y el Feo. Con esta simple clasificación estoy seguro de que los podrás identificar fácilmente en tu siguiente curso:

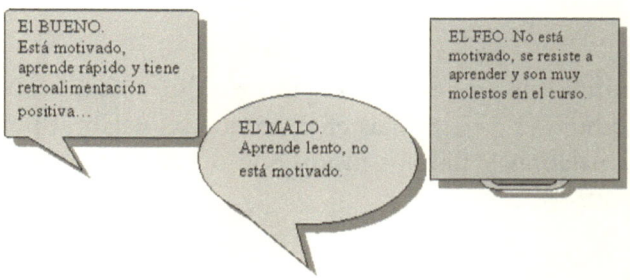

Figura 17. Tipos de participantes.

¿Cómo motivar a los participantes?

Existe un principio fundamental en la motivación a los participantes: y consiste precisamente en saber encontrar en cada participante que le interesa aprender o como le puede beneficiar en su trabajo lo aprendido.

¿Qué es Motivación? *"Es aquello que se encuentra dentro de una persona y que lo lleva a actuar"*. Por lo tanto, para motivar a los participantes debemos seguir estos sencillos pasos:

1.- Identifica su necesidad.

2.- Trátelos como si ellos fueran responsables.

3.- Cree y mantenga el interés.

4.- Bríndeles un reconocimiento, ánimo y aprobación de una manera respetuosa.

5.- Su entusiasmo llena su entusiasmo.

Para los adultos, entrar a un salón de cursos es como volver al pasado. Las filas de bancas, el pizarrón, la hora de la comida, el descanso, etc. Como resultado, el participante adulto debe saber que la información que está recibiendo es importante. El instructor debe comunicar y demostrar los beneficios del paquete.

Algunas características de los participantes adultos:

Los participantes adultos son más autosuficientes que dependientes. En la escuela el profesor nos dio la dirección y guía, pero el adulto está acostumbrado a la idea de independencia en el lugar de trabajo. Los Objetivos establecidos son muy importantes para los participantes adultos.

Los adultos traen consigo toda una vida de experiencia al salón. Se vuelve algo difícil el motivarlos a aprender cosas que para ellos no son tan útiles y relevantes.

Los adultos requieren estar activos en el proceso de aprendizaje. Ellos quieren experimentar y es ahí donde ellos van a aprender.

A los adultos no les gusta estar memorizando, especialmente si les dices que lo tienen que hacer. Quieren aprender gradualmente a través de uso repetitivo y no ser regresados a su infancia.

Alguien me dijo una ocasión, "El ser humano no se resiste al cambio, pues de ser así seguiríamos en la Edad de Piedra. El ser humano se resiste a que *lo cambien…*" Con esto me queda claro que toda imposición –así sea un sistema nuevo- merece una oposición. Usted debe mostrar al participante las ventajas y bondades del sistema, sin llegar a imponerlo, sino más bien, usted debe invitar al participante a usarlo, nada más. Podrá haber cierta resistencia, así es que deberás estar listo:

1. Resistencia al aprendizaje:
    Las personas se resisten a aprender porque creen que no van a tener éxito. Seguido escucharán comentarios como "Soy muy lento" o "No puedo teclear" o "Estoy muy viejo".

Solución:
Anímelos más en vez de hablar con ellos para sacarlos de su problema. Tan pronto como pueda póngalos sobre el teclado.

2. Resistencia al Uso:
Algunas personas no quieren usar el nuevo sistema y como resultado pondrán resistencia. Comentarios como "El otro sistema era más rápido" y "Este sistema es muy lento" son muy comunes a este tipo de resistencia. Podrán estar asustados o intimidados por el nuevo paquete.

Solución:
Véndale los beneficios del nuevo paquete sin decirles nada negativo sobre su viejo sistema.

3. Resistencia debido a la falta de información:
Algunas personas no saben por qué las mandan al curso. Muchas veces se presentan en el escritorio de la recepcionista diciendo "Nunca me dijeron que curso iba a tomar". Cuando se deja a la gente en la obscuridad, usualmente está perpleja y resentida.

Solución:
Dígales tan pronto como sea posible cuáles son los objetivos y deles una retroalimentación positiva. Si aún así tienen preguntas, mándalos con su gerente.

4. Resistencia al cambio:
Algunas personas odian lo desconocido (la PC) y rechazan aprender cualquier cosa relacionada con eso. "Odio estas cosas" y "Se van a apoderar del mundo", son pensamientos comunes en estas personas.

Solución:
Anímelos tan pronto como pueda, dígales cuáles son los objetivos del curso. También involúcrelos en una actividad y relaciónelos personalmente en eso.

¿Desea ser fusilado como Instructor? Entonces sólo siga estos sencillos pasos:

1. *¡Preséntese sin prepararse!*
2. *¡Comience tarde!*
3. *¡Discúlpese por usted o por la compañía!*
4. *¡No lea el material antes de iniciar!*
5. *¡No involucre a los participantes, no pregunte!!*
6. *Acabe tarde…*
7. *¡No cubra los objetivos!*
8. *¡No ofrezca descansos!*
9. *¡Haga bromas en doble sentido, de política y religión!*
10. *¡Preséntese como un Sabelotodo!*
11. *¡Mastique chicle durante todo el curso!*
12. *¡Búrlese de los participantes y hágalos sentir menos!!*

CAPÍTULO 7

Las 13 reglas para una negociación exitosa

Durante la gestión de proyectos nos vamos a enfrentar constantemente a diferentes tipos de negociaciones: vacaciones de consultores, permisos para faltar, cambios de consultores, cambios de usuarios clave, modificaciones en el alcance del proyecto, condiciones en el lugar de trabajo, horarios de trabajo y demás, por lo que he aquí algunas reglas básicas que deberá tomar en cuenta para toda negociación:

1. *Elija el mejor lugar y momento para negociar, incluso un aumento de sueldo.*
    Toda negociación debe atenderse en lugares y momentos adecuados, por ejemplo, si queremos negociar mejores condiciones en el lugar de trabajo (no hay espacio suficiente para trabajar, se siente mucho calor o mucho frío, las condiciones de higiene, etc.) el mejor momento y el mejor lugar para negociar es allí mismo a la hora de más frío o de más calor o cuando hay mucha gente; para negociar las vacaciones de consultores se debe realizar después de revisar el avance y documentación del proyecto, de forma tal que se demuestre que no hay riesgos al otorgar las vacaciones; para negociar un aumento del presupuesto originado por un desvío en el tiempo donde la responsabilidad es compartida entre dos o más socios de negocio, se recomienda fijar un día y una hora con al menos una semana de anticipación para dar tiempo a reunir la documentación y preparar los argumentos necesarios, además de asegurarse que no habrá interrupciones de ningún tipo por lo delicado de la misma, ya sea telefónica, por celular, por correo, o por alguna persona, dejando abierta la opción del lugar de la negociación la cual inclusive puede sugerirse que se realice fuera del lugar de trabajo. Los asuntos económicos deben tratarse en privado y

con los directamente involucrados, los asuntos de trabajo que competan exclusivamente al equipo de consultores pueden tratarse fuera del lugar de trabajo y los asuntos que sean de interés para todos deberán tratarse en la sala de proyecto. El mejor momento para negociar es el que usted indique, es decir cuando usted haya propiciado las condiciones o cuando haya visualizado el resultado de las mismas; por ejemplo, si desea negociar la salida de un consultor que el cliente considera clave para el éxito del proyecto pero que usted necesita retirar del equipo por así convenir a sus intereses, haga que la negociación se realice después de haber demostrado que su participación no es tan relevante como el cliente lo suponía, o bien, si desea solicitar un permiso para ausentarse un día o dos, solicítelo después de haber demostrado que no va a atrasado y que en caso de haber un atraso, este puede ser perfectamente recuperado más adelante.

2. *Tenga listo siempre un plan "B".*

Siempre que se presente a negociar algo, -sin importar lo que sea- siempre deberá tener presente lo mínimo y lo máximo que espera obtener en una negociación, es decir, los denominados Mejor Escenario y Peor Escenario, de tal forma que al menos por su parte nunca se detenga el proceso. Es posible que esta se detenga por falta de información, por falta de actualización, por falta de voluntad de la otra parte, en fin, siempre hay motivos y razones de sobra para que una negociación se detenga, sin embargo, procure tener siempre un plan "B" para evitar estos estancamientos. Por ejemplo, usted se encuentra en medio de un desfase del proyecto cuya responsabilidad no ha quedado del todo definida, el tiempo sigue pasando y usted no ha podido sentarse a negociar con el cliente sobre las causas de este desfase, finalmente lo consigue y al momento de iniciar la negociación usted se encuentra con una rotunda negativa por parte del cliente de querer aceptar responsabilidad alguna en el desvío del proyecto, por lo que en ese momento se estancan las negociaciones. El peor escenario es detener el proyecto y retirarse del mismo, con la ventaja de no incurrir en más costos y obtener al menos un beneficio económico del proyecto, sin embargo, podría quedar "marcado" en el mercado y esto podría perjudicar a lo largo del tiempo su renombre dentro del negocio de la consultoría. Tampoco espere que la empresa de consultoría lo felicite por esta decisión, ya que la empresa de consultoría no vive de detener proyectos, si no de terminarlos. ¿Qué hacer en estos casos? Retirarse para reabastecerse de información y presentar una propuesta mejor elaborada donde quede clara la responsabilidad de cada uno, de tal forma que si se encuentra nuevamente con la negativa del cliente para negociar, se tengan los argumentos suficientes para acudir a un siguiente nivel –escalarlo a otro nivel- e inclusive, se tengan los suficientes argumentos legales –procurando no usarse y evitar la demanda legal como posible escenario- y como plan "B" puede empezar por asumir su responsabilidad dentro del desvío, para que el cliente vea que no está adoptando una posición rígida e inflexible y que no está buscando responsabilizarlo del todo por el desvío, si no que está tratando de establecer el grado de responsabilidad de cada uno para llegar al mejor de los acuerdos.

3. *No sea tan generoso en sus concesiones y deje margen para negociar.*

Si adquirió un producto en 50 pesos y espera obtener una utilidad de 50 pesos, sería un error iniciar la negociación con el precio de 100 pesos, ya que podría verse afectada la utilidad esperada por usted. Deberá iniciar la negociación con un precio superior y evite dar concesiones que no le hayan solicitado o sólo porque usted crea que van a ceder más rápido, como por ejemplo, decir que el embalaje o la entrega del producto corre por su cuenta o que la garantía del producto la extiende por más tiempo, cuando en ningún momento se lo solicitaron o le hicieron comentario alguno sobre el embalaje o la entrega. Espere a que se lo soliciten o a que le hagan algún comentario al respecto.

4. *Si es comprador, no haga una contraoferta inmediata al precio inicial.*

Si su posición dentro de una negociación es la de comprador, espere a escuchar toda la oferta completa que le estén haciendo y evite realizar una contraoferta al precio inicial en forma inmediata, ya que al hacerlo está dejando de manifiesto su interés por el producto y el vendedor podría evitar realizar más concesiones y fijarse en un solo precio con las condiciones ofrecidas hasta ese momento. Haga la contraoferta sólo cuando esté seguro de que el vendedor esté a punto de detener la negociación.

5. *No diga "acepto" demasiado pronto.*

Cuando mi esposa y yo nos decidimos a comprar casa, decidimos comprarla en mi tierra natal Veracruz (México) por lo que nos dimos a la tarea de investigar los montos de los créditos hipotecarios que nos pudiesen autorizar entre los diferentes organismos dedicados a otorgar este tipo crédito, siendo el resultado un crédito máximo autorizado por un millón doscientos mil pesos mexicanos para comprar la casa. Cuando descubrimos la casa de nuestros sueños nos encontramos con la grata sorpresa de que estaba a la venta por exactamente el mismo millón doscientos mil que nos habían autorizado, por lo que en realidad no había mucho por negociar. Uno de los errores que cometí al ver la casa fue mostrar mi total aceptación y mi emoción de ver la casa y deshacerme en elogios hacia la misma, por lo que quedé en franca desventaja ante el vendedor. Para mí lo más fácil habría sido dar el "si" desde la primera plática, sin embargo decidí guardármela para más tarde y tratar de inclinar la balanza a mi favor. En la segunda reunión con el dueño me mostré menos efusivo y más crítico con la casa e inclusive le deje entrever cierto arrepentimiento sobre la decisión que había tomado, aunque en realidad no era así. Me dediqué a hacerle algunas observaciones como la falta de puertas automáticas en la cochera, la pintura de la casa, la presencia de algunas larvas en la madera de los clósets, la falta de cisterna, etc., así que le hice el comentario al dueño de que tendría que invertirle yo más dinero a la casa de lo que esperaba a lo que el propietario accedió a revisar el precio de la casa y hacer las reparaciones y adecuaciones necesarias, finalmente la casa quedo a un precio de un millón de pesos junto con una lista de adecuaciones por escrito y firmada por el propietario. De haber dicho "si" desde la primera negociación habría pagado el precio inicial y no habría obtenido los beneficios adicionales.

6. *Los compradores siempre deben pedir un análisis de costos, y los vendedores no deben acceder a darlo.*

Si usted está desempeñando el rol de comprador en una negociación, tiene todo el derecho de solicitar un desglose de los costos aunque esté consciente de que quizá no se lo entreguen, pero de cualquier forma debe solicitarlo. Ahora bien, si usted está como vendedor en una negociación y le solicitan el análisis de los costos, la respuesta estándar que usted debe manejar siempre es: "Le estoy dando el precio al costo, en realidad no le estoy ganando nada, lo único que pretendo es ayudarlo", pero de ninguna manera acceda a entregar el análisis de costos solicitado.

7. *No realice la primera gran concesión.*

Sea usted o no la persona autorizada para otorgar la primera gran concesión, nunca deberá realizarla durante las primeras reuniones, siempre haga sentir a la otra parte que dicha concesión fue producto de un análisis más profundo, de compromisos adquiridos y que se consiguió con mucho esfuerzo para asegurar el trato. Si le están solicitando un descuento adicional del 30% sobre el precio de venta y usted está autorizado a otorgar dicho descuento, no se lo haga sentir así a la otra parte. Es preferible retirarse del lugar y comentar que requiere de revisar o de autorización para otorgar dicho descuento, y al final siempre trate de obtener mucho más sobre la concesión otorgada, es decir, aunque tenga ese importe autorizado trate de conseguir un contrato de exclusividad, o bien por un plazo mayor o un volumen más alto, lo peor que puede pasar es que se lo nieguen, pero siempre debe dejarle sentir a su contraparte que las concesiones logradas fueron producto de mucho esfuerzo y compromiso por parte de usted para conseguirlo. Si le solicitan un consultor adicional como apoyo para terminar con una configuración, si le solicitan más tiempo de consultoría del planeado o requiere de implementarse algo adicional que no figuraba en el alcance inicial y el costo de realizarlo no representa un costo excesivo para usted, concédalo pero siempre haciendo sentir al cliente el esfuerzo de su parte para conseguirlo, ya que su empresa no realiza ese tipo de concesiones y que se accedió sólo por la importancia que tiene como cliente para su empresa.

8. *Pon más atención a tus concesiones conforme la fecha límite se vaya acercando, muchos errores se pueden cometer.*

La presión del tiempo es la peor enemiga en una negociación, nunca deje ver la ansiedad o la preocupación que tenga de cerrar el trato debido a la presión del tiempo que tenga usted encima. Las concesiones pueden ser condicionadas a cierto tiempo y ciertas acciones y así debe dejarse en claro con su contraparte, nunca deje nada al entendimiento del otro o deje algo a la libre interpretación. Si usted está negociando una extensión del presupuesto para terminar el proyecto y usted tiene una presión enorme por parte de su empresa de consultoría debido a que ya solicitó más recursos y más dinero y aún no cierra el trato con el cliente, no debe dejarle saber al cliente la situación real, es preferible pedirle más tiempo a su empresa para cerrar el trato que presionar al cliente para cerrarlo y otorgue demasiadas concesiones con el objetivo de apresurar el cierre. No cometa el error de bajar el precio, aceptar condiciones u otorgar concesiones sólo por la presión del tiempo, pero sí es válido que le ofrezca ofertas al cliente con límite de tiempo.

9. *Permanezca en silencio.*

Procure guardar silencio cuando esté escuchando la propuesta económica de algún proveedor. Espere hasta el final hasta que el proveedor ya no tenga nada más qué decir y aún así procure guardar silencio. Tal vez se vuelva un silencio incómodo, pero si el proveedor no está acostumbrado a lidiar con estos momentos, tal vez piense que usted está considerando rechazarlo o que está comparando mentalmente la presente oferta con alguna otra y al no soportarlo comience a hacer concesiones u ofertas tal vez innecesarias –porqué usted no lo ha solicitado- para el consecuente beneficio propio. Si usted es el vendedor, usted puede generar este mismo silencio después de presentar su mejor oferta y esperar a que el comprador hable, ya sea para decirle que va a pensarlo, para decirle que se la hace muy elevado, que no le convienen las condiciones

10. Sea escéptico, las cosas no son siempre como parecen.

Para explicar este punto quisiera referirme a una anécdota de la vida de Lubji Hoch, uno de los personajes centrales de la novela "El Cuarto Poder" del escritor inglés Jeffrey Archer, donde después de haber tomado subrepticiamente las pocas pertenencias de su pobre madre las puso a la venta en el mercado con el noble objetivo de llevar comida a su casa. Su pequeño botín consistía en 2 hebillas de latón, varios botones que no hacían juego entre sí, incluido uno grande y brillante, una vieja moneda que llevaba la efigie de un Zar y un pequeño broche circular de plata, rodeada por pequeñas piedras que destellaban bajo la luz del sol. Después de haber regateado con varios clientes sin haber llegado a un precio definitivo, se presentó el Sr. Lekski, el joyero del pueblo, quien después de revisar todas las pertenencias de Lubji, se mostró muy interesado en el broche circular de plata:

-¿Cuánto esperas conseguir por esto?- preguntó finalmente el joyero.

-¿Cuál es su oferta?- preguntó el chico, empleando con él su mismo juego.

-Cien coronas- contestó el anciano.

"Pide el triple y prepárate para cerrar el trato por el doble", recordando el lema de su mentor. Miró fijamente al anciano:

-Trescientas coronas- dijo Lubji.

-Doscientas coronas es mi mejor oferta- respondió con firmeza el joyero.

-Doscientas cincuenta- replicó Lubji, esperanzado.

El señor Lekski no dijo nada durante un rato, pero no dejaba de mirar el broche.

-Doscientas veinticinco- dijo finalmente- Pero sólo si incluyes esa vieja moneda también.

Lubji asintió inmediatamente y trató de ocultar su satisfacción ante el resultado de la transacción. Después de realizar varias compras de alimentos para su madre, pasó frente al aparador de la joyería del Sr. Lekski y dejó caer las bolsas de comida al mismo tiempo que abría los ojos con incredulidad: en el aparador estaba la moneda con una etiqueta en la que se decía llevaba la efigie del Zar Nicolás I y que era de 1829, con el precio de mil quinientas coronas... En Consultoría se desconoce el valor real de los servicios de consultoría y frecuentemente se ofrecen como "valor adicional" de la negociación, cuando el servicio en sí puede superar toda el valor de una operación. Por ejemplo, el cliente solicita que se desarrolle un reporte de Ventas muy ad hoc que no está contenido dentro de los estándares del ERP, por lo que se procede a cotizarlo aparte y por ende a negociarlo aparte también. Al revisar la cotización con el cliente, este manifiesta su desaprobación por el costo del mismo, por lo que el consultor / Vendedor procede a ofrecerle servicios adicionales como "valor agregado": -*"Junto con el reporte te puedo configurar la ejecución automática del mismo cada vez que te firmes en el sistema"*,- puede afirmar el consultor. Ante la indecisión del cliente, el vendedor arremete con un valor adicional más: *"También podría hacer que te llegara en forma automática a tu Blackberry todos los días"* y después de esto, el cliente acepta con ambas concesiones. Al hacer un análisis de costos, resulta que para hacer un reporte con las características solicitadas se requirieron 5 días del programador, y para configurar la ejecución automática se requieren 6 días, además de 4 días para configurar el envío externo de correo electrónico a dispositivos móviles, además de la participación del responsable de sistemas, costos que no se ven a simple vista debido a que es el mismo consultor quien va a configurar todo, pero que de haberlo hecho otro habría elevado el costo. Aquí la pregunta es: ¿qué pasaría si en ese momento el consultor renuncia, se enferma o simplemente se niega a hacerlo? Pues que el precio se pensó en un solo consultor y no en varios, como debió ser. En estos casos, es válido que se le ofrezca al cliente "por x dólares más podríamos hacer que el reporte te llegara a tu Blackberry, y por x dólares más podemos hacer que se ejecute en forma automática", pero nunca ofrecer servicios sin conocer el valor de los mismos. ¿Qué habrá ganado el cliente con la anterior negociación? Pues una configuración gratis del envío de correos electrónicos externos que funciona para varias aplicaciones y que de haberlo contratado por fuera habría pagado el equivalente a 10 días de trabajo.

11. Deje ya de esperar lo mejor, de ser un ganador puede convertirse en perdedor.

"Quien paga 70 dólares por un taxi bien puede pagar 100"- le dice un abogado al desesperado Steve Martin en la comedia "<u>Planes, Trains and Automobiles</u>" cuando este le ofrece 20 dólares al abogado por permitirle abordar su taxi urgentemente. *"Llevo prisa, pero por 30 dólares podría cederle mi taxi"*, fue la primera oferta del abogado, la cual obviamente siguió incrementando al ver la desesperación de Steve Martín por ocupar la unidad hasta llegar a 100 dólares. La avaricia del abogado se despertó al ver la desesperación de la persona por abordar el vehículo por lo que aprovechó a presionar al máximo hasta obtener un muy buen negocio porque sabía que todo lo tenía a su favor, aunque recordemos que la mayoría de las veces no siempre tenemos todo a nuestro favor. ¿Qué habría pasado si el pasajero no hubiese tenido los 100 dólares y lo hubiese escuchado algún otro transeúnte y le hubiese ofrecido llevarlo al aeropuerto por los mismos 30 ó 40 dólares? Se le habría caído el negocio al abogado y se habría quedado sin nada. Esto mismo debemos cuidar en toda negociación: cuando hayamos llegado al acuerdo esperado y estemos ambas partes conformes la negociación debe cerrarse, así sienta usted que pudo haber obtenido mayor beneficio del mismo. No espere demasiado a obtener siempre lo mejor si no tiene información privilegiada de primera línea o si no tiene en sus manos la capacidad de influir en los acontecimientos para inclinar la balanza a su favor. Si usted acaba de llegar de un acuerdo pero no quiere cerrarlo hasta conocer la situación de la paridad de su moneda frente al dólar o euro para ver si puede obtener un beneficio mayor, debe tener presente que la paridad no siempre varía a favor nuestro, sino también en nuestra contra, por lo que a menos que tenga información privilegiada que le indique la situación de la moneda o que usted pueda influir en la economía nacional para incrementar el valor debería cerrar el trato ya. Un caso muy famoso de negociación fallida que condujo a decisiones que nadie imaginaba que podrían tomarse, sucedió en el Puerto de Veracruz (México) a finales de la década de los 60's cuando la trasnacional Volkswagen anunció la apertura de su planta de montaje en esta ciudad, lo que originó una serie de negociaciones entre el Sindicato y los Directivos de la VW. El Sindicato estaba muy confiado de que Veracruz era la mejor opción para instalarse: era uno de los principales Puertos de Altura del país, contaba con la infraestructura necesaria para las operaciones del muelle, mano de obra calificada y por demás barata. Cabe mencionar que Veracruz es cuna del sindicalismo mundial al iniciarse en Río Blanco la huelga nacional de los trabajadores de la textilera a finales

de 1908, por lo que los organismos son muy fuertes en esta región. Las condiciones exigidas por el sindicato fueron aceptadas en su totalidad por los directivos de la Volkswagen, sin embargo, al darse cuenta el sindicato de que la trasnacional estaba cediendo muy rápido, decidieron exigir más, por lo que los directivos al ver semejante posición del sindicato decidieron cambiar de lugar para instalar la planta hacia Puebla, llevándose consigo la oportunidad de generar más de 10 mil empleos directos y más de 3 mil indirectos, y junto con ellos la prosperidad y la abundancia de la zona. Esto no sólo ahuyentó la inversión extranjera en México en el estado de Veracruz, sino también la inversión nacional por lo que el Estado se vio seriamente afectado por los sindicatos por mucho tiempo hasta la requisa de los puertos en 1991 por parte del Presidente Carlos Salinas de Gortari.

12. Tenga cuidado con lo que realmente va a pagar.

Este punto va relacionado completamente al punto 10 "Sé escéptico, las cosas no son siempre como parecen", ya que las ofertas que recibimos debemos analizarlas en términos de costos, plazos, beneficios, aplicaciones y demás. En una negociación tradicional, las ofertas que recibimos o hacemos van en relación directa al costo de producción, por lo que buscamos mejorar el precio a la baja incrementando la producción, pero esta no es la única forma de obtener beneficios o descuentos. "Te ofrezco un descuento adicional si la empresa es 100% referenciable"; "te mantengo el precio si me asignas también el siguiente proyecto"; te regalo las licencias si me seleccionas como implementador del sistema", etc.

13. Lo que debe y no debe hacer al comprometerse.

Lo que debe hacer:
- Poner todo por escrito y firmarlo o bien, buscar de alguna forma que quede constancia de los acuerdos.
- Entregar la versión final corregida y modificada junto con el borrador con todas las ralladuras, taches y comentarios escritos para que el cliente se de cuenta que modificamos únicamente lo acordado.
- Cumplir con las fechas compromiso y con los acuerdos,
- Cerrar los acuerdos lo más pronto posible.
- Verificar antes los costos y tiempos de entrega, así como la disponibilidad del equipo de trabajo, tanto humano como maquinaria.
- Proporcionar información fidedigna.

Lo que NO debe hacer:
- Hacer acuerdos de palabra.
- Asumir o suponer todo.
- Ofrecer sin verificar
- Sentir temor al mencionar su precio o condiciones.
- Gritar, alegar o alzar la voz.
- Ofrecer precios y condiciones y luego retractarse
- Mentir en datos fácilmente verificables.

CAPÍTULO 8

Kit básico del consultor

Kit básico que debe cargar en todo momento:

- Laptop con quemador para DVD/CD y tarjeta inalámbrica.
- Mouse y Mouse pad.
- Candado para laptop.
- Celular.
- Cargador del celular.
- Manos libres.
- Memory Stick.
- Clave de acceso a internet móvil.
- Clave de acceso remoto a sistema de pruebas de ERP.
- Cable de red.
- Cable telefónico.
- Apuntador láser.
- Headset para laptop.
- Tarjetas de presentación.
- Paño para limpiar.
- Bolígrafos.
- Adaptador trifásico a bifásico.
- Software de instalación de SAP Gui.
- Software de instalación de Microsoft Office Professional.
- Software de instalación de Microsoft Project.
- Software de instalación de Microsoft Visio.
- Artículos personales (en presentaciones para viajero):
  o pasta dental,
  o cepillo dental,

- o   Desodorante.
- o   Loción o perfume.
- o   Peine.
- o   Chicles o pastillas de menta.
- Medicamentos:
  - o   Analgésicos.
  - o   Antiácidos.
  - o   Colirio o gentamicina para los ojos.

El consultor debe dar la imagen de ser autosuficiente y prevenido a la vez, por lo que no puede permitirse la libertad de llegar a un lugar de trabajo, -ya sea para hacer un levantamiento de información, para hacer una presentación o para incorporarse a un proyecto- y no contar con las aditamentos básicos para instalarse y empezar a trabajar. Lo mejor es presentarse con sus propias herramientas de trabajo y apegarse a las políticas del cliente, ya que es posible que nos toque trabajar en condiciones limitadas. Las situaciones más comunes presentadas entre los clientes son la falta de cables de red para conectarse y falta de accesos a internet, por lo que se debe ser prevenido en este aspecto. ¿Acaso no le molesta que un médico se presente a su casa a dar consulta y le pida "prestado" algodón, alcohol y tijeras? Claro que sí, pues es la misma impresión que causamos en nuestros clientes si nos presentamos sin el equipo completo.

Asimismo, se recomienda la actualización periódica y automática de Microsoft Windows y del Microsoft Outlook, así como el anti virus y el Internet Explorer, de tal forma que podamos trabajar siempre en un ambiente seguro y actualizado. Una herramienta que les puede servir para detectar el estado de actualización de las laptop es el Microsoft Baseline Security Analyzer, el cual se puede bajar del sitio:

http://www.microsoft.com/technet/security/tools/mbsa2/
default.mspx#E4B

El consultor debe llevar consigo en todo momento su laptop, o si lo prefiere, su PDA para estar al día con la agenda de trabajo. Se debe asegurar siempre su laptop con candado como regla, ya que los robos de laptop en cualquier empresa están a la orden del día. Mi recomendación es cambiar los maletines por bagpacks para laptop que cuentan con varios compartimentos, ya que llaman menos la atención y permiten mayor movilidad para quienes pasan gran parte de su vida en aeropuertos, aviones y taxis.

Figura 14. Bagpack

El celular debe estar siempre con la batería recargada, por ello se recomienda llevar consigo el cargador del celular. Apague el celular o cámbielo a modo "vibrar" durante las reuniones o presentaciones.

El Manos Libres para el celular –ya sea tecnología Blue Tooth o con cable- es lo más recomendable cuando se habla al momento de conducir, además de que es lo legalmente aceptado, ya que en muchas ciudades de muchos países hablar por celular mientras se conduce un auto está prohibido.

El Memory Stick, –con capacidad mínima de 16 Gb- es lo más recomendable para pasar o recibir información de gran tamaño cuando estemos dentro de un área de trabajo donde no tengamos acceso a una red. Aunque el correo es una alternativa, dejémoslo para comunicados oficiales y optemos por la unidad externa de memoria para puerto USB para el intercambio de información informal. Usa el señalizador láser para las presentaciones únicamente, no es para jugar.

Todo consultor que se respete debe estar suscrito al menos en un servicio de internet inalámbrico, ya que el 90% de las operaciones propias de la consultoría son realizadas a través de internet: desde el envío y recepción de correos vía Microsoft Outlook, hasta el acceso remoto a los sistemas ERP para el soporte o configuración en los clientes, pasando por accesos a cuentas de correo públicas, acceso a ayudas del ERP, a la Intranet, al Mensajero Instantáneo y a sitios de interés propios del área. Por ello es esencial que cuente con un usuario y clave propios (aparte del que le proporcionen en la compañía) para acceder a internet en todo momento donde exista una señal disponible. El costo mensual de este servicio oscila entre US 30 y US 40, por lo que no se justifica la no contratación del mismo. Cabe hacer la aclaración, que lo ideal es contar con un servicio de Internet Móvil a través de una Blackberry, pero hasta el cierre de la presente edición los costos mensuales eran relativamente altos.

Un cable de red de unos 2 metros de longitud es suficiente para conectarse a una red corporativa en caso de no existir red inalámbrica. No molestemos al cliente solicitándole un cable de red −que la mayoría de las veces no tienen- que de tenerlo nosotros ocuparía un espacio mínimo en nuestra maleta. Un cable telefónico −de unos 5 metros- cerraría los requerimientos de conexión, ya que en caso de no poder conectarnos a la red local, siempre está la opción de conectarnos a Internet vía telefónica. La mayoría de hoteles de al menos 3 estrellas ofrecen el servicio incluido en la habitación, y para los que no, nos podremos conectar al teléfono usando nuestra propia clave de acceso.

Los audífonos nos permiten escuchar en forma discreta la música o cualquier presentación hablada que traigamos en la laptop. Las tarjetas de presentación −ya sean impresas o registradas en la Palm o Blackberry- no deben faltar en nuestro kit básico. No es correcto garrapatear nuestro nombre y teléfono en un pedazo de papel y entregarlo al cliente. Lo correcto es entregar un tarjeta de presentación o bien, enviarlo en ese momento desde la PDA al equipo indicado por el cliente.

Un pequeño paño es necesario para limpiar el teclado y pantalla. Los bolígrafos con tinta negra nunca deben faltar en el kit del consultor, ya sea para firmar, para llenar formas de migración, para anotar recados. Además, en un mercado donde se venden 14 millones de bolígrafos diarios no se concibe la falta de estos.

El consultor debe mostrarse siempre con una imagen pulcra, limpia y universalmente correcta, por ello decidí incluir todo un capítulo dedicado a la imagen personal. Recordemos que normalmente tratamos con CEO's, CFO's, Directores Generales, Gerentes Generales y Gerentes de mandos medios por lo que debemos cuidar aún más nuestra imagen. En los caballeros, un cabello corto, unas uñas limpias, al igual que unos dientes limpios con aliento fresco son esenciales para transmitir esa imagen de triunfador que los caracteriza. En las damas, la cabellera recogida, un manicure francés nivel bajo e igualmente, unos dientes limpios con aliento fresco ofrecen esa imagen de seriedad, respeto y éxito que caracteriza a las consultoras. Por eso mismo, es necesario que algunos artículos personales formen parte del kit básico del consultor: cepillo y pasta dental, desodorante, loción o –en caso de las damas- perfume, peine y todo esto, claro está, en presentaciones para viajero (pequeñas, como las que incluyen en las habitaciones de hotel) y goma de mascar sabor menta (evite mascar chicle delante del cliente, por favor). Y una recomendación más: eviten presentarse sudados ante el cliente o con manchas de sudor en la camisa. En caso de que suden mucho, pueden lavarse la cara constantemente y cambiar el desodorante por antitranspirante.

Asimismo, el consultor está sometido constantemente a presiones, desvelos y a situaciones de estrés que le pueden llegar a generar migrañas, malestares estomacales, insomnio e irritación en los ojos, por lo que se recomienda incluir en el kit básico del consultor medicamentos para los malestares anteriormente citados. No hay nada más incomodo para un consultor que aguantarse un malestar en plena presentación o reunión por no contar con los medicamentos básicos.

Kit del consultor (que debe tener listo en todo momento obligatoriamente):

- Pasaporte vigente
- Visa americana vigente.
- Curriculum actualizado en inglés y en español.
- Documentos y papeles de trabajo digitalizados. (Título, certificaciones, constancias)
- Tarjeta de crédito.
- Seguro de gastos médicos mayores.
- Diccionario de inglés orientado a negocios.
- Unidad externa de disco duro para respaldos periódicos de información.

Los consultores somos ciudadanos del mundo. Hoy estamos en México, mañana en España y la próxima semana en Argentina, ya sea por asignación a proyecto, para tomar un curso o para impartirlo, por eso mismo estamos obligados a contar con un pasaporte vigente en el momento que se requiera. Así mismo, debido a que muchos vuelos para Latino América hacen conexiones en aeropuertos de Estados Unidos y debido también a que las últimas regulaciones de este país ya exigen visa aún para pasajeros en tránsito, se hace imprescindible contar con este documento migratorio. He podido constatar como muchos compañeros talentosos han perdido la oportunidad de tomar cursos en Estados Unidos por la falta de visa o pasaporte, dando paso a otros con menos talento pero con la documentación en regla.

El Curriculum Vitae, Hoja de Vida o Resumé, es decir, el historial laboral que contenga el detalle de los proyectos donde se haya participado, con datos de contacto en cada proyecto, además de los cursos tomados e impartidos relacionados a la consultoría, entre otros datos, debe estar actualizado en todo momento, ya que los vendedores de proyectos requieren de esta información al día, además de que los clientes están en todo su derecho de solicitarlo en cualquier momento.

Para el consultor viajero, la tarjeta de crédito es básica para hacer reservas de hotel, para pagar consumos y reportarlo como gastos ya que es aceptada en diversos países y no nos obliga a andar con moneda local.

Antes de viajar:

a) Consiga la dirección exacta del hotel donde se van a hospedar y de la empresa donde deben presentarse, así como el nombre completo de los contactos. Muchas aerolíneas solicitan esta información durante el registro y algunos otros países en el momento de pasar por la oficina de Migración.
b) Pregunte al cliente o al contacto comercial las condiciones climáticas y las políticas de vestimenta, así como la diferencia horaria.
c) Investigue en Internet la historia del lugar y de la empresa que van a visitar. Siempre causa muy buena impresión al cliente cuando mostramos interés por el lugar y por la compañía, y es completamente válido mencionar la fuente de información: "Leí en Internet…, leí en un libro que… en una película salió…"

El seguro de gastos médicos mayores es obligatorio contar con él, y de preferencia con cobertura internacional, debido a la naturaleza del trabajo que implica viajar constantemente al extranjero.

Un consejo personal: si van a viajar al extranjero por mucho tiempo, les recomiendo registrarse en la Embajada o Consulado de sus respectivos países, pues en caso de robo o extravío del pasaporte, la Embajada sirve de gran apoyo en esos momentos.

CAPÍTULO 9

Códigos de vestimenta

En cierta ocasión, mi amigo Saúl Villanueva, -quien además de ser un excelente amigo y compañero de trabajo es asesor de imagen en su tiempo libre- me hizo un par de observaciones sobre mi vestimenta: "Pablo, nunca uses chamarra cuando vistas camisa con corbata", a lo cual yo le argumenté: "Saúl, esta es una vestimenta casual". "Entonces, no uses corbata y déjate la chamarra", me refutó Saúl. "No uses esas corbatas que compraste afuera del Metro", -abundó en sus comentarios- "eres el gerente de operaciones, debes cuidar más tu imagen, te sugiero que compres 3 trajes azules, 2 sacos obscuros, unos pantalones claros y otros grises, sólo camisas blancas o claras sin dibujos, y no uses camisas obscuras pues psicológicamente creas desconfianza en las personas". Y creo que él debe saber de lo que habla, pues es uno de los mejores vendedores de proyectos que he conocido y siempre viste como el triunfador que es. Este breve pasaje de mi vida me decidió a incluir este capítulo en mi libro, por lo que recurrimos a diversos consultores de imagen para desarrollar el tema.

Me queda claro que nunca tendremos una segunda oportunidad de causar una primera impresión. Se ha comentado que la importancia del primer impacto entra básicamente por los ojos, y

¿Cómo se conforma el impacto?

De acuerdo a los estudios que realizó Mr. Albert Merhabian el impacto se conforma en el siguiente porcentaje:

➕ 55% lo que traemos puesto, la ropa, el cabello, los anteojos, accesorias, etc.

+ 38% el tono de voz, como la modulamos, como decimos las palabras.
+ 7% el contenido de lo que decimos, es lo único que nos queda en la mente, es que cuando hablamos, somos todo.

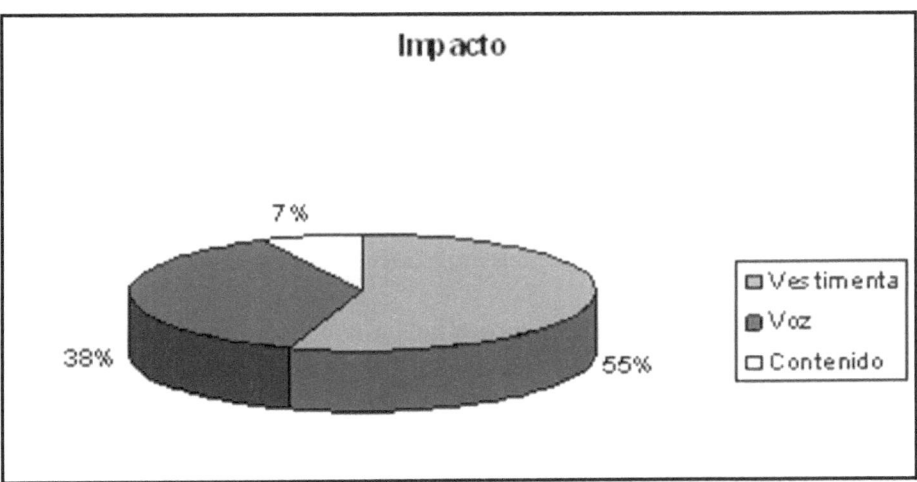

Figura 15. Gráfica de impacto visual.

Las expresiones físicas son externas e internas.

Cómo se conforma la imagen externa.

Lo que traes puesto: como se viste, sus zapatos, su ropa, la higiene; si su aspecto es sucio o desaliñado, o bien, pulcro e impecable. El cabello: si es corto o largo, peinado o despeinado, etc.

Los accesorios: son el toque de distinción personal. El tipo de reloj, la corbata, el portafolios, etc.

Tu imagen corporal: como te mueves, como se para ante el público, cómo s sienta, etc.

Sensorial: como hueles, si suda mucho, cómo se siente el contacto de tu piel.

Cómo se conforma la imagen interna.

Las actitudes: cuál es su comportamiento en distintas situaciones.

Verbal: como te expresas, de qué y cómo hablas. Dicen que de lo que hablas está lleno tu corazón.

Escrita: como escribe, cómo redacta sus mensajes, cuál es la tu ortografía, tu letra, etc.

Todo lo anterior marca su cultura, su nivel social, su educación, a qué se dedica, y en algunas ocasiones hasta su estado civil, etc. Es increíble como con una simple mirada podemos "adivinar" cosas de una persona.

El lenguaje corporal: sigue mostrando nuestra responsabilidad, lo que expresamos:

La forma de caminar, ya sea al entrar a un lugar, de forma triunfal o con miedo, como nos dirigimos.

La postura: de seguridad, de cansancio, al sentarnos, si tenemos una sonrisa o mala cara, reflejamos el estado de ánimo, con el saludo, la seguridad, el nerviosismo.
Debemos tener siempre respeto al territorio, no te encimes al otro, guarda siempre tu distancia.
Como podrá observar, la imagen personal es tan importante que se vuelve indispensable cuando queremos causar un efecto positivo ante cualquier persona. Lo es tanto que esto nos abrirá el camino para cualquier empresa que deseemos iniciar.

Comunicación con la imagen.

- La autoestima, lo que cuida y se quiere, por ejemplo: si está delgado u obeso demuestra lo que comes, si hace ejercicio, si es usted aseado, etc.
- Su estado de ánimo, si está contento, triste o deprimido.
- Su nivel cultural/educacional según sus atenciones

⊹ La confianza la da o la proyecta, el temor, el autoritarismo.
⊹ Sú éxito, adónde va y hasta dónde ha llegado.

Imagine que en su empresa -que es líder en el mercado-, donde los ejecutivos deben demostrar categoría, nivel cultural amplio, etc., va a contratar personal, sale a la sala de espera y ve a dos caballeros, uno con arete, pelo largo, de jeans y botas, en su curriculum tiene excelentes calificaciones. El segundo va de traje y corbata, no ha terminado la carrera y tiene deficientes calificaciones; eso último no lo sabe, entonces, ¿a cuál entrevistaría y contrataría?

Tan sólo con la imagen podemos denotar entonces, nuestra actividad cultural, profesión, etc., he ahí la importancia tan grande que tiene la imagen, ya que esta es nuestra tarjeta de presentación.

Teoría del color.

¿Se ha preguntado por qué algunas veces te sientes mucho mejor con un aprenda que con otra y no sabe la causa? ¡TODO ESTA EN EL COLOR!

Esto lo descubrió Robert Dorr (1905-1980) cuando en la Universidad de Stamford dividió a las personas en dos grupos de color, después el pintor sueco Johannes Itten al observar la semejanza entre los colores que escoge el artista al realizar una obra y la de su colorido personal, hizo la división por estaciones.

Todos seleccionamos instintivamente los colores que mejor nos van, sin embargo, por influencia de la moda o de las personas nos dejamos llevar, usamos los colores que no nos favorecen.

La diferencia está justamente ahí. Con "nuestros colores" resaltamos "nosotros" y lucimos excelente, con los que no nos van, nos vemos "descoloridos" y pasamos desapercibidos.

Para esto se ha hecho un estudio en el que se encontró, que así como las estaciones del año tienen sus propios colores, las personas tenemos también un colorido personal y se nos cataloga dentro de cada una de ellas.

Las personas pertenecientes a las estaciones frías, invierno y verano usarán los colores basados en el azul, al contrario que las de estaciones cálidas como el otoño y la primavera, que se basarán en tonos amarillos.

Esto se sabe por medio de un análisis individual en el que llegamos a conocer cuál es nuestra estación y sabemos con seguridad cuáles colores nos favorecen más en la ropa, joyería, fragancias, etc.

Cuadro 17. Barra de colores.

Colores fríos (Invierno)

Negro	Azul Rey	Rojo Sangre	Magenta	Verde Esmeralda	Amarillo

Colores fríos (Verano)

Azul Marino	Azul Cielo	Lila	Palo de Rosa	Verde Caribe	Gris Perla

Colores cálidos (Otoño)

Café	Azul Mirto	Shedron	Naranja	Verde Olivo	Girasol

Colores cálidos (Primavera)

Camello	Azul Colonial	Miel	Salmón	Verde Limón	Amarillo

Expresión a través de los colores

Los colores influyen mucho en la forma de vestir, podemos decir a grandes rasgos que estos expresan lo siguiente:

- **Negro:** Elegante, liderazgo, es duro y retador, no es conveniente para entrevistas o juntas de trabajo.
- **Azul marino**: Elegante, refleja autoridad y respeto, confianza, credibilidad, solidez, es muy recomendable para juntas, entrevistas y para hablar en público.
- **Gris**: Serenidad, eficacia, madurez.
- **Champagne o caqui**: informal, casual.
- **Colores pastel:** Disminuyen la imagen profesional, son dulces, y además, prohibidos en consultoría.
- **Morado**: Ostentación, intimidante, alejamiento, un tanto teatral, artificial.
- **Rojo**: Atrevido, sensual, atrae la atención.
- **Blanco**: Refinamiento, pureza, luz.

El 90% de tu cuerpo está cubierto con ropa y accesorios por eso es tan importante que ponga atención al elegir tu guardarropa.

Recordemos a Robert Panté, autor de *"Image Builds Business: How Powerful People Recognize Each Other":*

"Vístete de acuerdo a... lo que quieres ser... a donde quieres llegar... el éxito que quieres lograr... ¡vístete para triunfar!"

La imagen ejecutiva

Aquí describo lo más importante del buen vestir del consultor, pequeños detalles que algunas veces no se conocen e impiden sentirnos bien.

Léalo con detenimiento y póngalo en práctica, le aseguro que se sentirá muy bien después de hacerlo.

Por mucho tiempo se consideró superfluo el poner demasiada atención en el arreglo personal. Después se pensaba que era la mujer la que debía estar siempre bella, quien tenía que fijarse en el guardarropa, en el cuidado de la piel y del cabello, pero con el tiempo hemos constatado que, tanto él como ella deben cuidarse y estar bien presentados, he allí a los llamados "metrosexuales".

Se debe recordar que bañarse y afeitarse diario es indispensable, así como el uso de desodorantes o antitranspirantes; un talco para los pies, incluso para los zapatos. El uso del shampoo para el cabello será el indicado para cada persona, según lo requiera. Las espumas y lociones para antes y después de afeitarse serán también las adecuadas a cada persona, teniendo en cuenta que mientras menos alcohol tenga será mucho mejor.

El traje es la prenda más importante del guardarropa masculino, porque refleja el nivel socioeconómico, carácter y capacidad de quien lo usa. En todos los niveles, el traje es sinónimo de autoridad, realización y poder. Es símbolo del buen vestir.

Hay 3 estilos comunes que deben conocerse para saber, según las proporciones cuál es el más conveniente para cada quién, estos se distinguen por los diferentes cortes que tienen y son:

+ CORTE EUROPEO: Es ajustado a la cintura con pinzas, hombreras rectas. Una abertura en la parte de atrás. El pantalón se ajusta al cuerpo. Es el ideal para el hombre delgado, alto y de cuerpo equilibrado.

- **CORTE IV Y LEAGUE:** El saco es recto, sin pinzas, con hombreras planas. Lleva una sola abertura en la parte de atrás. El pantalón debe quedar al cuerpo. Este traje se recomienda al hombre robusto, musculoso, de cuerpo atlético con hombros anchos.
- **CORTE AMERICANO:** El saco tiene pinzas que ajustan un poco la cintura. Tiene hombreras gruesas. Puede llevar una o 2 aberturas en la parte de atrás. El saco es más amplio de la parte inferior, formando equilibrio con los hombros. El pantalón es recto al cuerpo. Se sugiere a hombres delgados con hombros estrechos.

La mejor manera de saber si el largo del saco es el adecuado, consiste en mantenerse con la figura erguida, los brazos estirados al cuerpo y las manos extendidas. Después doble ligeramente los dedos debajo del borde del saco; si encaja en el pliegue de los dedos están correctos. Pero si tomamos en cuenta las proporciones, debemos saber si el talle o las piernas son demasiado largas o cortas: en el primer caso el saco llega ligeramente más abajo que los glúteos para dar la impresión de que se acortan, por el contrario será justo al final de ellos.

El largo de las mangas del saco debe ser aproximadamente de 12 cm arriba de la punta del dedo pulgar, y nunca rebasar los 13 y medio centímetros.

El uso de hombreras en sacos y chamarras será también tomado en cuenta el tipo de hombros para equilibrar la figura.

En el pantalón la altura adecuada para fijarla empieza ligeramente arriba del ombligo en dirección horizontal al piso. Pueden estar un poco cortos al frente que en la parte trasera. Existe una marcada tendencia entre los jóvenes a usar los pantalones flojos en las caderas, lo que ocasiona que se cuelguen o abomben además de que hagan pliegues al frente,

La valenciana acorta las piernas, por lo que se sugiere solamente a caballeros con piernas largas. Debe ser recto al borde del zapato y sólo en algunas ocasiones, -dependiendo de la prenda- uno o uno y medio centímetro más largo de la parte de atrás.

Los calcetines deben combinar o relacionarse con la corbata o en un color más obscuro. Por ejemplo una corbata azul claro se ve mejor con calcetines azul marino. Los calcetines claros dan un toque informal, mientras que los obscuros son de vestir. Si son del mismo color del pantalón no fallarás, siempre se verán bien.

La ropa interior no debe ser muy ajustada. La camiseta es mejor en cuello "V" son más cómodos. Jamás se utiliza con una camisa de cuello abierto. Recuerda, la ropa interior es *interior*.

Camisas: El material ideal es el algodón, aunque por lo práctico hay ahora algunas mezclas con poliéster que pueden ser buenas. Debe ser lo suficientemente larga como para que no se salga del pantalón. Una camisa convencional trae 6 botones incluyendo el del cuello. Debe quedar al cuerpo y no demasiada estrecha para evitar que se arrugue. La talla se pide de acuerdo al cuello y el largo de la manga. El cuello será de tal manera que no debe interferir con las solapas del traje; además, deberá sostener cómodamente el nudo de la corbata. La manga debe llegar un poco más abajo del hueso de la muñeca y tener una longitud aproximada de centímetro y medio más larga que el saco. El largo tradicional del puño es de siete y medio centímetros.

En cuestión de colores los neutros son los mejores. Evite para la oficina las brillantes o muy obscuros, lo mismo que con adornos. Si usas rayas que sean de un tono, nunca multicolores.

Corbatas: No hay duda: las corbatas son símbolo de respeto y responsabilidad, por lo tanto, no se debe comprar sin pensar. Lo primero es determinar el largo. Si el nudo está bien hecho, la punta debe llegar la hebilla del cinturón. El largo requerido dependerá de tu estatura. Las hay por supuesto, de varios largos, una vez que sepas cuál es el de usted, ya no habrá problemas en adquirirlas. El largo más común es de 1 metro con 40 cm. El ancho varía según la moda, lo clásico es de 7 u 8 cm aunque debe ser según el ancho del tórax. El material de la corbata: la seda (con forro siempre) es la mejor; hay imitaciones poliéster muy buenas, pero es importante que la imitación sea fina. Las de lana son informales y se usan en invierno. Nunca use de acetato y rayón.

La calidad de la corbata está definitivamente en el precio, pero sabiendo la importancia que tiene el accesorio, creo que bien vale la pena invertir en él. En cuestión del color, las lisas son las más combinables y elegantes. Las hay con dibujos convencionales que se pueden usar siempre y cuando combinen con el traje y la camisa. Los dibujos tradicionales son Club, Ivy League, Paisley, Cuadros y Rayas. Evite los diseños muy grandes, los colores morado y rojo; el negro sólo para funeral.

Zapatos: Los colores ideales son: negro, café y café obscuro. Los de charol solamente con el smoking. Blancos para el día y ropa casual. El choclo y borceguí son los más tradicionales, aunque el mocasín también resulta adecuado, siempre y cuando no tenga adornos.

El cinturón debe ser de piel, al color del pantalón o de los zapatos, con hebilla pequeña no muy llamativa, a menos que sea informal. En cuestión de accesorios hay una regla "mientras menos mejor".

El fistol o pisa corbata pasan de moda, pero si le gusta, no se ven bien con corbatas anchas ni muy grandes.

Las mancuernillas (si las usa) deben ser pequeñas y sencillas.

Pulseras discretas, finas y si acaso una.

Anillos, el de matrimonio y tal vez el de graduación o alguno con escudo familiar.

En el cuello del caballero únicamente debe haber una corbata, por lo tanto, ni cadenas ni medallones, sobre las camisas.

La cartera o billetera, debe ser de piel.

Un juego de pluma y lapicero es indispensable, así como un reloj delgado, de oro, acero o combinado sin adornos.

El uso de un abrigo o gabardina también se recomienda en las temporadas invernales con temperaturas bajas.

Guardarropa básica masculina:

Para el consultor es importante también contra con un guardarropa básico; aquí damos un ejemplo de cómo doce prendas pueden hacerse más de 30 combinaciones. Si usted sabe cuál es su estación será mucho más práctico, ya que todo lo tendrá en la misma gama. A continuación mostraré unas cápsulas básicas de acuerdo a la estación:

- Saco en color neutro oscuro, liso en lana o polilana en corte conservador.

- Chaleco en color neutro obscuro, liso en lana o polilana en corte conservador.
- Pantalón en color neutro obscuro, liso en lana o polilana en corte conservador.
- Saco sport, color neutro liso o a cuadros en lana ligera.
- Pantalón liso neutro, más claro que el color del traje.
- Camisa rayada, que combine con el color del traje y del saco.
- Camisa de vestir en blanco de tu estación.
- Camisa en color liso que combine con el traje y saco.
- Corbata en color complementario.
- Corbata con pequeños diseños que repitan el color del traje.
- Corbata rayada que repita también alguno de los colores.
- Suéter, de un color que combine con todas las prendas anteriores.

Guardarropa básico para el hombre "Invierno".

- Saco gris Oxford (traje)
- Chaleco gris Oxford (traje)
- Pantalón gris Oxford (traje)
- Saco sport azul marino
- Pantalón gris angora.
- Camisa blanca con rayas azul marino
- Camisa blanca helada.
- Camisa azul o rosa helado
- Corbata rojo Nochebuena
- Corbata azul marino con diseños blancos
- Corbata rojo con azul marino o gris con azul helado.
- Suéter rojo Nochebuena.
- Abrigo o gabardina negro o azul marino (opcional)
- Dos pares de zapato negros (azul marino opcional)
- Seis pares de calcetines negros, grises y azul marino.

Guardarropa básica para el hombre "Verano".

- Saco gris humo (traje)
- Chaleco gris humo (traje)
- Pantalón gris humo (traje)
- Saco sport azul marino.
- Pantalón gris perla.

- Camisa blanco suave con rayas azul cielo
- Camisa blanco suave.
- Camisa azul cielo o rosa camafeo.
- Corbata vino.
- Corbata vino con azul cielo y gris.
- Corbata rojo quemado con rosa y gris claro.
- Suéter color vino o azul francés.
- Abrigo o gabardina azul marino o café mink (opcional)
- Dos pares de zapatos azul marino y negro.
- Seis pares de calcetines; azul marino y gris.

Guardarropa básico para el hombre "Primavera".

- Saco café herrumbre (traje)
- Chaleco café herrumbre (traje)
- Pantalón café herrumbre (traje)
- Saco sport marfil.
- Pantalón café dorado.
- Camisa camello con rayas bronce.
- Camisa blanca vainilla.
- Camisa durazno o nectarina.
- Corbata rojo naranja.
- Corbata camello con café y caqui.
- Corbata beige con café dorado y coral óxido.
- Suéter beige cálido.
- Abrigo o gabardina café beige (opcional)
- Dos pares de zapatos café y beige obscuro.
- 6 pares de calcetines café y beige.

Guardarropa básico para el hombre "Otoño".

- Saco café obscuro (traje)
- Chaleco café obscuro (traje)
- Pantalón café obscuro (traje)
- Saco sport camello
- Pantalón café dorado
- Camisa marfil con rayas café
- Camisa blanca o perla.
- Camisa amarilla o mantequilla

- Corbata rojo naranja.
- Corbata con diseños camello
- Corbata con diseños ocre, café y rojo sandía.
- Suéter beige.
- Abrigo o gabardina café obscuro o color caquí (opcional)
- Dos pares de zapatos: café obscuro y más claro.
- 6 pares de calcetines: café y beige.

Estilo para consultores.

Al igual que las consultoras, el consultor tiene un estilo particular que lo hace diferente.

La personalidad y el estilo se definen de acuerdo a los gustos y las actividades que realizan, los gustos aquí son muy importantes y siempre hay elementos que te hacen diferente.

A continuación, mostraremos los 4 estilos básicos del consultor, identifique cuál es el suyo.

Estilo clásico

- Es un consultor que luce siempre impecable, sencillo y tradicional. En usted los extremos nunca se dan, no es muy alto ni muy bajo, de cuerpo proporcionado y regular.
- Sus facciones son refinadas y de un colorido natural.
- Todo en usted es conservador y medido. Nunca usa nada que no haya sido probado. Es tradicionalista en los colores y estilos tanto de ropa como de peinado, no acepta los cambios fácilmente.
- Le gustan los deportes y hace ejercicio, aunque todo con medida.
- Es una persona seria, a veces con apariencia de enojo o petulante, pero es usted más tímido, aunque le agrada tratar con la gente.
- Su área de consultoría es principalmente financiero y bancario.
- Ejemplos de personalidades con estilo clásico: Cary Grant, Gregory Peck, Henry fonda, Anthony Perkins, el príncipe Carlos, Julio Alemán, Jacobo Zabludowsky, Juan Ferrara.

Estilo natural.

- Es usted alegre, bromista y sencillo, de carácter sin complicaciones.
- Usualmente robusto, de hombros anchos y facciones toscas.

- Tu cabello generalmente es rizado u ondulado, nunca pegado, siempre al natural.
- Tus ojos tienen siempre una chispa de luz que denotan la simplicidad de su vida.
- Es usted amante de los deportes y de la ropa natural, como los jeans, suéteres, chamarras y tenis.
- El bigote y la barba le sientan bien por lo regular.
- Usted hace que la gente que le rodea se sienta relajado y a gusto.
- Su área de consultoría es generalmente Logística, Administración del Sistema Base, y programación avanzada.
- Ejemplo de personalidades que prefieren el estilo natural: Calvin Klein, John Wayne, Robert Redford, Tom Selleck, Robert Conrad, Mijares y Héctor Bonilla.

Estilo romántico.

- Es una persona tierna, coqueta y amorosa, con un poco de aires de artista o poeta, sexy, soñador, sociable y sensual.
- Le gusta resaltar su figura siempre en sociedad y mostrar una gran posición.
- Físicamente no es muy alto, su porte es atlético, fuerte y nunca robusto. Tiene cabello ondulado o suave, siempre bien arreglado. Su rostro es bien proporcionado y muy expresivo.
- Es sofisticado en el vestir. Los materiales que usa siempre son los mejores y de fibras naturales, elige ropa que muestre simetría en su cuerpo y resalte su personalidad.
- Su área de consultoría es preferentemente la Venta de proyectos, Administración del cambio y todo lo relacionado a relaciones públicas y atención al cliente.
- Ejemplos: Omar Shariff, Elvis Presley, Christopher Atkins, Rogelio Guerra, Joaquín Cordero, Alfredo Adame.

Estilo dramático:

- Es usted un hombre de grandes contrastes: autoritario, asertivo, innovador y muy creativo, con un temperamento fuerte y audaz, Su estilo es de gran clase.

+ Normalmente alto, delgado, con hombros rectos y proporcionados. Facciones angulares y rectas. El cabello lacio y bien peinado, un poco largo suele verse bien.
+ En el arreglo personal es muy moderno, pero siempre elegante y con prendas de la mejor calidad, aún con la ropa deportiva.
+ Se atreve a vestir con algún detalle que llame la atención.
+ Su área de consultoría es normalmente, la dirección general, la dirección de consultoría, la gerencia de proyectos.
+ Ejemplos: Sean Connery, Clark Gable, Burt Lancaster, Charlton Heston, George Hamilton, Jorge Rivero, Bertín Osborne, Saúl Lizaso.

Resumen.

+ El peso debe ser de acuerdo a la estatura. Por lo tanto, cuidará y usará la ropa de la talla correcta.
+ La camisa debe ser holgada de tal modo que no se abran los botones.
+ El cuello y los puños en perfecto estados y bien planchados.
+ Un cinturón adecuado al pantalón, con hebilla sencilla.
+ El traje deberá plancharse antes de usarse.
+ La ropa interior "no debe notarse".
+ El uso de camiseta de algodón es positivo siempre y cuando no se asome por el cuello.
+ Los calcetines del mismo color de los zapatos o del pantalón.
+ Los zapatos reluciendo, libres de raspones y sin adornos.
+ La corbata siempre sin manchas ni arrugas.
+ El pisa corbatas o fistol será de acuerdo a la moda y ancho de la corbata.
+ El corte de cabello será el adecuado a un hombre pulcro, que da imagen varonil. Nunca debe sacarse la camisa, ni verse desaliñado, ni demasiado grasoso o pegado.
+ En el caso de usar bigote y/o barba, estos deberán estar perfectamente bien recortados y limpios.
+ El rasurado será diario, debe tratar de evitar que se vea el crecimiento.
+ Una loción suave, limpia, que no maree a los demás, un efectivo desodorante, sin aroma de preferencia.
+ Las manos limpias y las uñas arregladas.

- Nunca deberán verse cadenas por fuera de la camisa.
- Extremada higiene dental y un absoluto cuidado con el aliento. Por favor, ¡no mastique chicle en público!!

10 MANDAMIENTOS DEL SERVICIO.

- **SER PUNTUAL.** Calcular el tiempo para llegar siempre un poco antes de la hora citada.
- **SONRIA.** Una cara alegre llama la atención y transmite tranquilidad, pero cuidado con la risa fuerte, es desagradable.
- **IMAGEN IMPECABLE.** Cuida el aspecto físico al máximo. Usted se debe a los demás.
- **VOZ MODULADA.** No hable demasiado fuerte, o muy bajo, o rápido o muy lento.
- **AMOR AL TRABAJO.** Sienta satisfacción al realizar sus funciones. Recuerde que la consultoría no es un trabajo, sino un estilo de vida.
- **CULTIVE SU PERSONA.** Estudie, lea. Mientras más sepa, más fácil y efectivo será su trabajo y más oportunidades tendrá y servirá mejor a los demás.
- **CUIDE SU SALUD.** Una alimentación balanceada, ejercicio físico y horas de sueño suficientes serán los mejores aliados para mantenerse sano física y mentalmente.
- **EXPRESESE SIEMPRE EN FORMA POSITIVA.** De nada sirve estar quejándonos de lo malo que exista, si no le damos solución, tratemos de ver siempre el lado bueno de las cosas.
- **SER EMPATICO.** Detrás de cada queja, hay una necesidad no cubierta, por lo que es necesario ponerse en los "zapatos" de la otra persona, esto nos permite tener otro punto de vista no antes considerado.

CAPÍTULO 10

¿Es usted Profesional?

"Soy profesional, y tengo más de 11 años de experiencia demostrables en consultoría…"Así termina su frase Mario Mitre, consultor del módulo de Ventas autodenominado "consultor senior", después de cuestionarlo sobre su avance en el proyecto. Su concepto de "profesionalismo" está muy alejado de la realidad, al igual que sus fechas de terminación de proyecto con respecto a lo planeado. Si me dieran un dólar por cada vez que he escuchado esta frase, tendría miles de dólares. Todos decimos que somos profesionales, pero pocos sabemos lo que significa y lo que implica, y algunos inclusive se muestran ofendidos al ser cuestionados sobre el tema.

He aquí un pequeño cuestionario que podrá servir como base para saber que tan profesional es usted en realidad. Para que el resultado sea más representativo, trate de responder primero mentalmente la pregunta, y posteriormente elija la respuesta que más se haya acercado. Trate de no leer las respuestas primero. La respuesta **a)** tiene un valor de 1 punto, la respuesta **b)** de 2 puntos y la **c)** de 3. Al final del cuestionario encontrará las calificaciones y una breve explicación sobre la puntuación obtenida.

1.- Usted está asignado a un proyecto, y el gerente debe ausentarse una semana, dejándolo a usted a cargo. Para informar al gerente sobre las actividades o decisiones tomadas durante su ausencia, usted decide:

a) Esperar a que regrese y conforme me vaya preguntando o vayamos tocando los puntos, voy explicando lo que pasó.

b) Llamarlo a su celular todos los días e informar sobre lo que pasa, además de consultarlo sobre las decisiones que ha tomado.

c) Levantar minutas de todas las reuniones en que participé y enviarlo a su correo electrónico, además de enviarle un breve resumen al final de la semana con las actividades realizadas durante la misma. Sólo en casos muy necesarios le llamo al celular.

2.- Usted está iniciando un proyecto y el cliente ya les dio a conocer las políticas internas -un tanto restrictivas- en cuanto al fondo (papel tapiz) de las laptop, uso de internet y del mensajero instantáneo. Ante esto, sus comentarios son:

a) No estoy de acuerdo. Esto es personal, yo puedo tener como fondo de la laptop cualquier clase de fotos, puedo chatear todo el día ya que es por motivos de trabajo, puedo jugar en mis ratos libres y traer el tono del celular con música de moda, mientras no afecte el resultado del proyecto, ya que trabajo por objetivos. Esto debería ser irrelevante para el cliente.

b) Selecciono fotos para el fondo de la laptop que sean de aceptación general, y trato de chatear poco, trato de ser discreto con el tono del celular, aunque considero que en este trabajo muchas veces estamos lejos de la familia y de los amigos y tener fotos de mi familia o chatear de vez en cuando no debería afectar al resultado del proyecto.

c) El fondo de la lap top debe ser de color sobrio, sin dibujos llamativos ni fotos familiares, si acaso el logo de la compañía. El tono del celular debe ser discreto o en modo vibrador, me conecto al mensajero instantáneo sólo cuando voy a usarlo y evito jugar en las instalaciones del usuario. Fuera del horario y de las instalaciones del cliente puedo disponer de mi tiempo como desee.

3.- El cliente le solicita una información que aunque no es urgente, si es importante. Usted se compromete a entregarla en cierta fecha y a cierta hora. Sin embargo, al acercarse la fecha se da usted cuenta de que le será imposible entregar le información en tiempo. Usted decide:

a) Esperar a terminar la información, y cuando ya la tenga lista se la entrego al cliente. Si el cliente me hace alguna observación sobre el atraso me disculpo, si no lo menciona, yo también evito mencionarlo, lo importante es entregar la información.

b) Continuar trabajando hasta terminar la información solicitada para posteriormente entregarla al cliente con la correspondiente disculpa por el retraso, pero no en todos los casos.

c) Enviar un correo al momento de darme cuenta del atraso a los interesados informándoles que la información –sea importante o no- se entregará después, indicando una nueva fecha y hora, explicando los motivos y ofreciendo una disculpa. Cada vez que mueva la fecha de entrega, procuro enviar un correo informando la situación.

4.- En el último proyecto, usted tuvo que trabajar con un compañero consultor con quien tuvo desavenencias graves y terminaron disgustados. En un nuevo proyecto, le informan que deberán trabajar juntos nuevamente. Usted decide:

a) Informar al gerente sobre mi desacuerdo con la asignación, exponerle los motivos y solicitar mi cambio a otro proyecto. Si por algún motivo estoy obligado a trabajar con dicha persona, demostraré en todo momento mi inconformidad con constantes discusiones y solicitaré frecuentemente la intervención del gerente para resolver los problemas.

b) Informar al gerente sobre mi desacuerdo con la asignación y exponerle los motivos. Si por algún motivo estoy obligado a trabajar con dicha persona, lo trataré lo estrictamente necesario para trabajar pero sin garantizar que no haya problemas durante el desarrollo del proyecto. Si algo llegase a salir mal, culparía a la situación.

c) Aceptar la asignación y poner todo de mi parte para limar asperezas con mi equipo con el objetivo de sacar el proyecto adelante y sin problemas. Yo acostumbro controlar a la gente, y no permito que me controlen. No tomo los problemas y discusiones con los compañeros como algo personal sino como parte del trabajo.

5.- Usted debe ausentarse del proyecto por un espacio de 3 días debido a una capacitación que va a tomar. Su gerente ya está informado sobre su ausencia, al igual que el gerente de proyecto por parte del cliente. Usted acostumbra a:

a) Ausentarme con conocimiento del gerente, quien deberá informar a todo el equipo sobre mi salida. Considero que por 3 días de ausencia no es necesario dar explicaciones sobre mi paradero ni los motivos de mi ausencia.

b) Informar al gerente y únicamente a mi usuario clave sobre mi salida. No considero necesario informar al equipo ni dar explicaciones a todos sobre mi ausencia por sólo 3 días.

c) Enviar un correo electrónico a todo el equipo de trabajo -incluyendo a consultores y usuarios clave- sobre mi ausencia, indicando los motivos (ya sean personales, de trabajo o de fuerza mayor), así como la fecha de salida y la fecha de reincorporación al proyecto. Asimismo, procuro indicar en el mismo correo, si estaré disponible en el celular, en el correo y quien podrá atender mis temas durante mi ausencia, de tal forma que el cliente no quede desatendido.

6.- Usted trabaja para una empresa de consultoría y le asignan una lap top y una cuenta de correo electrónico para asuntos de trabajo. Cuando un amigo o familiar le solicita su cuenta de correo electrónico para enviarle correos personales como chistes o cadenas, usted normalmente procede a:

a) Dar la cuenta de correo de la empresa ya que la consulto a diario. No veo mayor problema en usar esta cuenta, ya que constantemente estoy borrando los correos no deseados.

b) Dar la cuenta de correo de la empresa para archivos pesados y la cuenta pública de correo para temas personales.

c) Dar la cuenta de correo público para asuntos personales, ya que la cuenta de la empresa es únicamente para asuntos de trabajo. Si recibo correos personales en mi buzón de la empresa, envío un correo indicando el buzón público, de no ser así, configuro el Junk Mail para ese remitente.

7.- Usted está asignado a un proyecto cuyo arranque en vivo es en 2 semanas, cuando de pronto recibe una oferta de trabajo en otra empresa de consultoría que conviene a sus intereses. Usted procede a:

a) Dejar el proyecto y aceptar inmediatamente la oferta de trabajo, pues considero que esta clase de oportunidades no deben dejarse pasar. Con informar un día antes sobre mi salida es suficiente y no me interesa perjudicar o no al proyecto.

b) Informar al gerente de proyecto sobre mi salida con 2 semanas de anticipación para que vayan buscando otro recurso a quien pueda pasarle los temas. Si no lo consiguen, le hago entrega al gerente sobre mi módulo.

c) Informar a la empresa donde laboro actualmente sobre la oferta de trabajo para ver si la pueden mejorar o si podemos llegar a un acuerdo. De no llegar a un acuerdo, acepto la oferta de trabajo con la condición de que me permitan terminar el proyecto y espero hasta que llegue mi reemplazo, ya que no considero correcto dejar un proyecto a 2 semanas de su arranque en productivo.

8.- Usted está siendo fuertemente cuestionado por el cliente en cuanto a la calidad de la configuración del sistema y el cliente decide contratar a otro despacho de consultoría para realizar un Quality Assurance. Cuando el auditor se presenta a realizar el QA, usted normalmente procede a:

a) Refutar y a cuestionar todas las observaciones que haga el auditor, así como rechazar todas las recomendaciones que haga del proyecto, argumentando que su presencia ha sido muy breve y que por lo tanto no tiene el panorama completo del mismo. Trato de evidenciarlo delante del cliente para demostrar que yo conozco más del sistema que el auditor mismo. Hago caso omiso al resultado de la auditoría y continuo trabajando como lo hacía antes del informe.

b) Trabajar con el auditor en la medida de lo posible, pero siempre dejándole ver que su presencia es innecesaria, dándole el mínimo de información y sólo lo que me vayan solicitando. Trato de minimizar su trabajo haciéndole ver que todas sus recomendaciones ya habían sido practicadas por mí con anterioridad.

c) Colaborar al ciento por ciento con el auditor, entregándole toda la información y documentación que requiera, siempre atento a sus recomendaciones y observaciones realizadas a mi trabajo. Trato de agendar la mayor parte del día para estar a su disposición y que tenga un panorama amplio sobre el proyecto, de tal forma que su objetividad se vea reflejada en el informe final presentado al cliente.

9.- Usted está asignado a un proyecto y se da cuenta de que no tiene ni el conocimiento ni la experiencia suficiente para terminar en tiempo, aún cuando usted se "vendió" como consultor experto en la materia. Ante esta situación, usted decide:

a) Adoptar una posición más exigente con el cliente, trato de desviar la atención hacia el trabajo de otros consultores, responsabilizándolos por el atraso. Trato de ser intolerante y negativo de tal forma que soliciten mi cambio para no evidenciar mi falta de conocimiento y quede justificada mi salida. Si no me cambian, yo solicito mi salida o renuncia de la empresa bajo cualquier pretexto. El atraso en el reembolso de mis gastos o el pago atrasado de mis honorarios pueden ser buenos pretextos.

b) Tratar de terminar la configuración con ayuda de compañeros consultores ajenos al proyecto, a través de llamadas telefónicas, del mensajero instantáneo o de correo electrónico, sin evidenciar mi falta de conocimiento, aunque deba trabajar horas extras. Al llegar al día límite y no haya cumplido, le informo al gerente de proyecto sobre el atraso.

c) Informar al Gerente de Proyecto sobre mi falta de conocimiento para que pueda solicitar formalmente el apoyo de otro consultor con más experiencia, o solicitar un curso especializado o material de apoyo de otros proyectos que se puedan conseguir, o en dado caso, para que solicite mi cambio en el proyecto. Sólo solicitando ayuda adicional podría concluir mi parte a tiempo.

10.- Usted tiene que viajar de urgencia a atender el problema de un cliente, y la empresa se ha atrasado en el trámite de sus gastos de viaje. Usted no cuenta con tarjeta de crédito ni de servicios, por lo que le urge que le hagan llegar su dinero a la brevedad posible. Usted procede a:

a) Enviar correos y llamar por teléfono a todos, -incluyendo al director general de ser necesario,- exigiendo el anticipo inmediato de mis gastos, informándoles que de no ser así, me retiraré del proyecto y de la empresa, ya que considero que cada quien debe responsabilizarse por su trabajo y no debería ser problema mío, la desorganización de la empresa. Creo que tengo todo el derecho de molestarme y de ofender a quien sea, ya que como profesional que soy no puedo tolerar esta clase de abusos a mi persona.

b) Enviar correos y llamar por teléfono al líder de proyecto y a la persona administrativa responsable de estas actividades para informarle sobre la gravedad de mi situación, haciendo la observación que no es la primera vez que ocurre, solicitando alternativas de solución.

c) Enviar correos y llamar por teléfono al líder de proyecto y al personal administrativo responsable de los anticipos, exponiendo enfáticamente el problema económico propio. Busco alternativas de solución (pago directo de hotel con gastos incluidos por parte de su empresa, pago directo del pasaje aéreo, etc.). Posteriormente, envío un correo al Director de administración para exponer mi caso y proponerle algunas mejoras a sus procesos, además de tramitar por mi cuenta mi tarjeta de crédito o de servicios para evitar situaciones similares en el futuro.

11.- Usted es enviado con un cliente a resolver cierto problema en el sistema, el cual le llevó a usted un par de semanas resolverlo. Al finalizar su actividad, usted acostumbra:

a) A revisar la solución con el usuario clave, y si él me la aprueba al menos verbalmente, doy por cerrado el tema. No considero necesario documentar ni informar al gerente de proyecto sobre mis actividades realizadas, ya que el tiempo fue muy corto, y si el usuario tiene alguna duda puede localizarme en cualquier momento.

b) A revisar la solución con el usuario clave y a elaborar una minuta sobre la aceptación de la solución para poder cerrar el tema. Le informo a ambos gerentes sobre mis actividades y sobre la solución.

c) A documentar la solución encontrada, modificando o añadiendo la documentación existente sobre configuración. Además, informo de los cambios al usuario clave para que proceda inmediatamente a realizar los ajustes necesarios a sus manuales. Elaboro una minuta de acuerdos y documento las pruebas unitarias e integrales, según sea el caso, para que si el punto volviera a abrirse más adelante, el nuevo consultor pueda revisar el historial del problema. La documentación la entrego en un CD y me firman de recibido.

12.- Usted se encuentra asignado a un proyecto, y observa con agrado que parte del personal que labora allí es libre y sin compromisos sentimentales, por lo que usted normalmente procede a:

a) Buscar una relación sentimental con el personal que labora allí, ya que esto es mi vida personal y no debe interferir con el buen desarrollo del proyecto. No creo que deba pedirle permiso a nadie puesto que no estoy perjudicando a nadie. Somos adultos y creo que los sentimientos son espontáneos y no se puede decidir sobre ellos.

b) Tener una relación sentimental subrepticia con el personal porque sé que no es correcto, y trato de que no se descubran mis relaciones. Se me hace absurdo este tipo de prohibiciones pues no se puede ordenar sobre los sentimientos humanos. Yo sigo con la relación hasta que termine el proyecto o hasta que me llamen la atención.

c) Evitar tener una relación sentimental con el personal que labora con el cliente, así sean usuarios clave o personal de otras áreas. Creo que no es correcto hacerlo además de que perjudica mi imagen profesional y la de la firma que represento. La relación no debe ir más allá de lo estrictamente laboral. En dado caso, me espero a terminar el proyecto y posteriormente buscaría iniciar la relación.

13.- Usted solicitó vacaciones para cierta fecha en el transcurso de un proyecto, sin embargo, el proyecto se desfasó un par de meses debido al atraso de los consultores, y al acercarse su periodo vacacional, observa con preocupación que coincide con la fecha de arranque del sistema. Usted decide:

a) Respetar las fechas de mis vacaciones. Considero que las tengo merecidas, además de que ya tengo reservaciones de hotel y pasajes aéreos que me ocasionarían un costo extra por cancelación que no tengo contemplado. Dejo mi número de celular y mi correo electrónico por si requieren consultarme de algo durante el arranque en vivo. Creo que el atraso —sea mi responsabilidad o no-, no es razón suficiente para cancelar el viaje.

b) Trataría de dejar todo listo antes de mi partida, pero no cancelaría el viaje, así fuera por responsabilidad mía el atraso. Creo que he trabajado mucho y me las merezco, así ponga en riesgo el proyecto.

c) Si la causa del atraso soy yo, entonces cancelo mis vacaciones inmediatamente. Si la causa del atraso es un compañero o el cliente, trataría de aplazar las vacaciones hasta después de productivo; si esto ocasiona un gasto extra, lo hablaría con mi gerente de proyecto para ver si pudieran absorber dichos gastos. Si mi ausencia perjudica al proyecto, entonces no voy de vacaciones y solo enviaría a mi familia con la condición de que la empresa me reponga los días posteriormente.

14.- Usted va a dejar el proyecto o puesto que ocupa actualmente por algún motivo: por renuncia, por despido, a solicitud del gerente, por cambio de departamento, etc. Antes de abandonar el proyecto o puesto usted acostumbra a:

a) Retirarme del área de trabajo sin informar y sin avisar nada a nadie. No lo creo necesario, ya que la persona que ocupe mi lugar debe conocer mi trabajo y por lo tanto debería ponerse al corriente en poco tiempo.
b) Enviar un correo electrónico avisando sobre mi salida y quedo disponible para cualquier duda más adelante.
c) Busco reunirme con la persona que va a ocupar mi lugar y hago entrega formal del puesto, dejando por escrito en una minuta la documentación entregada, el estado en que se quedan los pendientes que traía, las claves, códigos de acceso y demás a lo que yo tenía acceso para delimitar responsabilidades.

Resultados:

De 14 a 20 puntos: Usted tiene un concepto muy particular sobre el profesionalismo. Usted tiene necesidad de expresarse y espera ser aceptado como es, aunque eso implique romper con los convencionalismos que nos rigen en esta sociedad. Usted espera ser escuchado porque supone que usted posee la verdad absoluta, y cree que este pequeño detalle le da derecho a establecer sus propias normas de conducta y sus propias reglas. Yo le sugiero cambiar de área de expertise, tal vez se sienta más cómodo escribiendo poemas, pintando cuadros o levantando esculturas de mármol, o cualquier otra actividad donde no existan los atavismos laborales, y usted pueda expresarse en todo su esplendor, y donde su rebeldía contra las reglas sea bien visto, ya que la Consultoría se rige por metodología, reglas, por políticas y por principios que van en contra de sus creencias. La consultoría no es para rebeldes, es para gente disciplinada, metodológica, respetuosa de lo establecido, y usted definitivamente no lo es.

De 21 a 32 puntos: Usted es un profesional en constante desarrollo, que aunque sabe que algunas cosas están mal, a veces no tiene la iniciativa de señalar lo que es incorrecto y prefiere cobijarse bajo el anonimato de la mediocridad para evitar que lo califiquen de exagerado o de inflexible. Ser profesional no lo hace un ser antipático, por lo contrario, lo vuelve un ejemplo a seguir, y normalmente los demás tienden a respetarlo más. Haga el esfuerzo por ser más profesional en su trabajo y en su vida.

Más de 32 puntos: Usted es un profesional en toda la extensión de la palabra. Conoce muy bien el área de servicios, principalmente en el área de consultoría. Es usted disciplinado, metódico y ordenado, lo que le permite trabajar organizadamente y conseguir los objetivos que se proponga. Su adaptación a los cambios es excelente y siempre está en la búsqueda de la mejora continua. Enhorabuena.

Humor entre consultores.

Un consultor muere y llega al cielo. Cuando San Pedro le recibe, hay millones de personas aplaudiéndolo.

- ¿Qué pasa aquí? -pregunta el consultor.
- ¡Qué va a pasar! Usted es la primera persona que vive 160 años.
- ¿160? ¡Yo tengo 40!
- ¡Imposible! ¡Hemos sumado correctamente las horas que le facturó a sus clientes!

_____

- ¿Quién fue el primer consultor?
- Dios. Hizo el mundo en 6 días y cobró por 7.

_____

Hay un vaso de agua en una mesa, lleno hasta la mitad. Tres hombres lo miran y comentan:

- Está medio lleno. Este es un optimista.
- Está medio vacío. Este es un pesimista.
- El vaso es demasiado grande. Este es consultor.

_____

¿Por qué las consultoras prohíben que sus empleados mantengan relaciones sexuales con los clientes?
- Porque les tendrían que cobrar dos veces por hacer el mismo servicio.

_____

- ¿En qué se parecen los consultores a las armas nucleares?
- En que si alguien tiene uno, la otra parte tiene que conseguir uno; si empiezas, no hay forma de echarse atrás; y una vez que llegan, lo dejan todo destruido para siempre.

_____

- ¿En qué se parecen los consultores a los espermatozoides?
- En que 1 de cada 3.000.000 tiene posibilidades de llegar a convertirse en ser humano.

_____

Un hombre entra en un despacho de consultoría y pregunta:
- ¿Cuánto cobran por realizar un estudio?

El consultor le responde:
- Primero estructuramos el proyecto, y cobramos 5.000 dólares por contestar a 3 preguntas.
- ¿No es eso exageradamente caro?
- Sí. ¿Y la tercera pregunta?

Un tipo volaba en globo, cuando de pronto se percata de que estaba perdido; maniobra y desciende un poco. Entonces divisa a un hombre en la calle y le grita:
-"Disculpe, ¿podría usted ayudarme? Prometí a un amigo que me encontraría con él a las dos, llevo media hora de retraso y no sé dónde estoy…"
-"Claro que puedo ayudarle." Usted se encuentra en un globo de aire caliente, flotando a unos 30 metros de altura entre los 40 y los 42 grados de latitud Norte, y entre los 58 y los 60 grados de longitud Oeste".
- "¿Es Ud. consultor?", pregunta el del globo.
-"Sí, señor, lo soy. ¿Cómo lo supo?"
-"Porque todo lo que Ud. me ha dicho es "técnicamente" correcto, pero "prácticamente" inútil. Aún no se que hacer con la información que me ha dado y continúo perdido".
-"Y Ud. debe ser un Key User, ¿verdad…?", contesta el consultor.
-"En efecto, lo soy. Pero, ¿cómo lo supo?"
-"Muy fácil: no sabe ni donde está, ni para donde va… Hizo una promesa que no tiene ni idea de cómo cumplir y espera que ahora otro le resuelva el problema. De hecho, está exactamente en la misma situación en que se hallaba antes de encontrarme… pero ahora, por algún motivo, resulta que… ¡la culpa es mía!"…

Un bebé fue encontrado en la puerta de un despacho de consultoría al amanecer. Cuando los primeros empleados llegaron, alimentaron al bebé y se lo presentaron al CEO para saber qué es lo que se debería hacer con el bebé, quien emitió la siguiente comunicación interna:
De: CEO
Para: Capital Humano

"Acusamos el recibo de un recién nacido de origen desconocido. Formen un proyecto interno para investigar y determinar:

a) Si "el encontrado" es entregable de algún proyecto interno.
b) Si algún empleado se encuentra envuelto en el asunto."

Después de un mes de investigaciones, la Comisión envió a la Dirección la siguiente comunicación interna:
De: Proyecto interno
Para: La Dirección

Después de cuatro semanas de diligente investigación, concluimos que el bebé NO PUEDE SER PRODUCTO DE ESTA EMPRESA, por los siguientes motivos:

a) En el área de Administración, nunca han hecho nada con placer o con amor.
b) En Capital Humano, nadie colabora tan íntimamente entre sí.
c) En el área Comercial, nunca se ha llegado a nada que tuviese pies ni cabeza.
d) En el área de Delivery, nunca han concluido nada antes de nueve meses.

EL COMITE DE INVESTIGACION

BIBLIOGRAFÍA

Guía de los fundamentos de la Dirección de Proyectos. (Guía del PMBOK). Tercera Edición. Project Management Institute. 2004.

How to implement ERP correctly: Guarantee that your implementations finishes on time, Stays within budget, and achieves performance – improvement goals, by Peter Gross.
Pemeco Inc. 2006

How to design and Deliver Successful Business Presentations, de Gene Zelazny.
Editorial Mc-Graw-Hill. 2005

"En los negocios, como en la vida, tú no obtienes lo que mereces, obtienes lo que negocias". Chester L. Karras, 1996.

El Arte de la Guerra, de Sun Tzu.
Grupo Editorial Tomo S.A. de C.V. 2004

The Books of Lists, de David Wallenhinsky.
New York: Wm. Morrow & Co. Inc, 1977

The Minto Pyramid Principle, de Barbara Minto.
Minto International.

Como te ven…te tratan, de Rosario Galindo de Fernández.
Panorama Editorial.

www.elabcdelaconsultoria.com.mx
www.ojc.com.mx
www.burodeconsultores.com

www.ingramcontent.com/pod-product-compliance
Lightning Source LLC
Chambersburg PA
CBHW032010170526
45157CB00002B/633